똑똑한 나를 만드는 철학 사용법

CHOU·CHITEKI SEISAN-JYUTSU

Copyright © 2017 Hitoshi OGAWA
All rights reserved.
First original Japanese edition published by PHP Institute. Inc. Japan.
Korean translation rights arrange with PHP Institute. Inc. Japan.
through BC Agency

이 책의 한국어판 저작권은 BC에이전시를 통해
저작권자와 독점계약을 맺은 글담출판사에 있습니다. 저작권법에 의해
한국 내에서 보호를 받는 저작물이므로 무단전재와 복제를 금합니다.

똑똑한 나를 만드는 철학 사용법

철학으로
내 지적 능력을
3배 끌어올린다

오가와 히토시 지음
전경아 옮김

글담출판

정보 과잉의 시대,
지금 우리에게 필요한 건 철학이다

최근 수년간 세상은 완전히 바뀌었습니다. 인 터넷을 통해 사람과 사물이 연결되었고, AI는 결국 인간의 능력을 뛰어넘어 상용화 단계에 들어섰지요. 개인이 자기 주변의 정보만 수집하여 아웃풋 하면 되던 시대는 지났고, 지구상의 모든 정보를 수집하고 정리하여 아웃풋 한 것을 AI 와 경쟁해야 하는 시대가 되었습니다. 나아가 퀄리티에 관 해서도 인간을 뛰어넘어 AI에 필적할 만한 수준이 요구되고 있습니다. 지금까지의 지적 생산술을 뛰어넘을 필요가 있는 것입니다.

그렇다면 지구상의 모든 사람과 사물이 연결되고, AI와

대결하지 않으면 안 되는 이 시대에 우리는 무엇을 할 수 있을까요?

저의 대답은 이렇습니다.

한 사람 한 사람의 잠재력을 최대화할 것.

파스칼의 '생각하는 갈대'를 인용할 것도 없이 인간이 인간인 까닭은 사고한다는 점에 있습니다. 여기에 무한한 잠재력이 숨어 있습니다. 인터넷이 아무리 충실하고 AI가 아무리 똑똑하든, 결코 잊어서는 안 되는 사실이 인터넷도 AI도 바로 인간이 창조했다는 점이지요.

이런 창조주로서의 능력을 한 번 더 최대한으로 끌어내 지금까지의 지적 생산술을 업그레이드하면 됩니다. 이때 필요한 것이 바로 철학입니다.

철학은 깊이 생각하고 본질을 탐구하는 행위입니다. 이 책에서 나는 그것을 '사고의 탐험'이라 명명하고 미지의 세계를 개척하는 방법을 제시하고자 합니다.

사고의 탐험으로서 철학을 읽고, 쓰고, 배우면서 우리는 더 똑똑한 사람이 될 수 있습니다. 그리고 지금까지의 지적 생산을 뛰어넘은 결과물을 만들어낼 수 있습니다.

부디 여러분도 인간의 잠재력을 믿고 새로운 도전, 아니 탐험을 해보기를 바랍니다. 이 책이 그 희망에 찬 용기 있는 탐험에 길잡이가 되어줄 것입니다.

먼저 1장에서는 이 책의 엔진이라고 할 수 있는, 철학이 어떻게 궁극의 지적 생산술로 쓰이고 있는지 그 원리에 대해 설명합니다.

2장에서는 철학자의 사고의 비밀을 규명하기 위해 역사상 뛰어난 철학자들이 실천한 공부법과 지적 생산술에 대해 설명합니다. 이를 바탕으로 3장에서 '철학식 공부법'을 제안하고 이를 토대로 4장에서는 '철학식 지적 생산술'을 알려드립니다.

마지막 장인 5장에서는 이 새로운 지적 생산술이 어떻게 세계를 혁신하는 데 공헌할 수 있는지 그 노하우를 설명합니다.

철학은 기본 질문을 던지는 데 매우 유용한 학문입니다. 부디 철학을 통해 기본으로 돌아가 보기를 바랍니다. 지적 생산을 하는 데도 마찬가지입니다.

　물론 기존에 없던 것을 새롭게 창조하는 일은 쉬운 일이 아닙니다. 이미 있는 것을 찾아내고 지적하는 건 쉽지만, 새로운 무언가를 생각해내기란 어렵습니다. 그럴 때 추천하고 싶은 방법이 일상적인 관찰입니다. 평소에 사물을 유심히 관찰하는 습관을 가지면 어디에 무엇이 부족한지, 머릿속에 반짝 떠오르게 될 겁니다. 이렇게 보이지 않는 많은 것들을 생각하다 보면, 엄청난 발견을 하거나 비즈니스에 필요한 아이디어를 찾을 수 있습니다. 바로 이럴 때 철학이 필요한 것입니다. 철학은 유에서 무를 창조하는 놀라운 일을 가능하게 합니다.

　이대로 그냥 있어도 괜찮은가? 이 질문을 계기로 여러분이 여러분만의 초지적 생산술을 발견하고 활용할 수 있다면 저자로서 그보다 행복한 일은 없을 겁니다.

오가와 히토시

차례

Chapter 1

왜 똑똑한 사람들은
철학을 공부하는 걸까

철학은 사고의
탐험이다

■ ▶ ● 　　　인간은 지루한 걸 싫어합니다. 그래서 다양한
재미를 찾아 시도하고 흥분을 느끼려 합니다. 일부러 위험
을 무릅쓰는 것도 그 때문입니다. 예를 들어 탐험은 흥분을
얻기 위한 최선의 방법일 겁니다. 하지만 일도 해야 하고 학
교도 다녀야 하니 탐험을 떠나기가 쉽지 않죠.

　그런데 사고의 탐험이라면 어떨까요? 가볍게 나설 수 있
고 돌아오기도 간단합니다. 게다가 하루에 몇 번이나 할 수
있고 누군가와 함께 탐험하는 것도 가능합니다.

　사고의 탐험이란 '철학'을 가리킵니다. 철학이 왜 사고의
탐험인지는 철학의 정의를 생각하면 알 수 있습니다. 철학
이란 사물의 본질을 탐구하는 것으로, 사고함으로써 사물의

진정한 의미를 깨우치는 것입니다. 머릿속을 탐험하며 보물을 찾듯이 말이죠.

'사고의 여행'이라고 하면 안 되느냐고 묻는 사람도 있는데, 탐험이 아니면 안 됩니다. 철학적 사고는 기차나 비행기를 타고 느긋하게 가는 여행과 달리 앞이 보이지 않는 험난한 곳을 헤쳐나가는 여정이기 때문입니다. 마치 밀림이나 동굴을 헤치고 들어가는 느낌이죠. 험난하다고 하면 힘들까 봐 걱정하는 사람도 있을지 모릅니다. 하지만 그래서 더 스릴 있고 재미있는 것입니다.

진짜 탐험은 힘들어서 싫지만 유사 탐험이라면 하고 싶어하는 사람이 많지 않을까요? 테마파크의 어트랙션이나 〈인디아나 존스〉 시리즈와 같은 탐험 영화가 인기를 끄는 것만 봐도 알 수 있죠. 최근 인기를 모으고 있는 VR도 그중 하나입니다. 우리는 모두 탐험의 자극을 추구합니다. 그런 의미에서 사고의 탐험은 우리가 행복을 느낄 수 있게 적절한 자극을 준다고 할 수 있습니다.

탐험이란 없는 길을 개척해가는 여정이고, 이는 우리에게 매우 유익합니다. 우리는 길을 나아가면서 다양한 경험을 하고 기술을 익히며, 그 결과 탐험을 더 잘할 수 있게 됩니다. 일단 한 번 경험하고 익히면 그다음에 응용할 수 있으니까요.

위험과 실패도 교훈이 됩니다. 가령 보물을 발견하지 못해도 배울 게 있습니다. 황금가면을 찾는 게 목표였으나 결국 찾지 못하고 대신 다른 무언가를 발견했다고 합시다. 그래도 인생에는 충분히 도움이 됩니다. 다른 무언가를 발견했고 탐험의 의미를 찾았으니까요. 탐험으로 겪는 모든 경험이 우리에게 이롭습니다.

그뿐만이 아닙니다. 철학을 사고의 탐험으로 보면 철학이 지루하지 않고 재미있어집니다. 가령 철학의 목적이 보물을 찾는 것이고, 고전 읽기는 오래된 보물지도를 분석하는 것이며, 철학자의 명언은 먼 옛날 탐험가가 남긴 단서가 되겠죠. 고전 읽기는 만만치 않은 작업이지만 보물이 있는 곳을 알려주는 지도라고 생각하면 가슴이 두근거리지 않나요?

그래도 먼 옛날의 탐험가가 남긴 단서만 따라가거나 그들이 남긴 지도대로 가기만 해서는 새로운 발견을 할 수 없습니다. 이미 보물이 발견되었거나, 그 탐험가가 어딘가에서 궁지에 몰려 죽었을 수도 있기 때문입니다. 그런 의미에서 우리는 지도를 갱신하지 않으면 안 됩니다.

고전만 읽으면 철학자가 이미 발견한 답밖에는 보지 못합니다. 더 새로운 발견을 하고 싶다면 더욱 깊이 읽고, 그 너머를 생각하지 않으면 안 됩니다.

철학을 배워야
하는 이유

■ ▶ ●　　　앞서 철학의 목적은 보물의 발견이라고 했는데, 그 보물이란 바로 '세계의 의미'입니다. 세계의 의미를 찾을 수 있다니 이 얼마나 멋진가요! 철학의 목적은 세계의 의미라는 보물을 찾는 데 있습니다. 즉 철학을 하면 사물의 의미를 알 수 있습니다. 자유란 무엇인가, 끼니란 무엇인가, 사랑이란 무엇인가, 국가란 무엇인가?

누군가 여러분에게 자유란 무엇인가, 끼니란 무엇인가, 묻는다면 바로 대답할 수 있나요? 만약 대답할 수 있다면 먼저 인생이 즐거워집니다. 사물의 의미를 알아야 비로소 인생을 충분히 즐길 수 있으니까요. 문학의 의미를 알지 못하는 아이에게 소설은 무의미한 글자의 나열에 불과합니다.

지적 생산을 하는 데도 유리해집니다. 사물의 의미를 잘 아는 사람과 그렇지 않은 사람은 아웃풋의 질에서 차이가 날 수밖에 없습니다. 음식에 관한 보고서만 봐도, 끼니란 무엇인지 아는 사람과 알지 못하는 사람이 쓴 보고서는 확연한 차이가 나죠.

음식에 관해 쓸 때 끼니, 즉 먹는다는 행위가 대체 무엇을 의미하는지, 그 본질까지 파고들 수 있다면 그만큼 깊이 있는 글을 쓸 수 있기 때문입니다. 수박 겉핥기 식으로 사물의 표층만 건드린 아웃풋은 얄팍하게 느껴집니다.

우리는 무수한 사물에 둘러싸여 살아갑니다. 게다가 그 수는 매일같이 늘어납니다. 매일 새로운 사건이 일어나고 매일 새로운 말이 생겨납니다. 그 속에서 더 즐겁게 살고, 더 나은 지적 생산을 하기 위해서는 사물의 의미를 잘 알아야 합니다. 그것이 철학을 하는 이유입니다.

문제는 사물의 의미는 그렇게 간단히 알 수 없다는 점입니다. 자유란 무엇인지, 끼니란 무엇인지에 대해 우리는 일견 알 것 같으면서도 잘 알지 못합니다. 누군가 물어보면 아마 어떻게 대답해야 할지 몰라 당황할 겁니다. 시험 삼아 한 번 해보세요. 여러분 주변에 있는 것들의 의미를 닥치는 대로 말해보는 겁니다. 아마 절반도 말하지 못할걸요?

특히 자유나 사랑 같은 추상적인 개념이나 평소 당연하다고 믿어왔던 것일수록 대답하지 못합니다. 철학을 하는 의의가 여기 있습니다. 철학은 사물의 표면적인 정의를 구하는 게 아니라 그 사물의 진정한 모습을 이해하는 것입니다. 그럴 때 우리는 비로소 그 사물의 의미를 알았다고 말할 수 있습니다.

자유의 의미를 사전에서 찾는다 한들, 혹은 구글을 검색한다 한들, 자유에 관해 지적 생산을 할 수 있을까요? 그것만으로는 대학 1학년생이 쓸 만한 수준의 짧은 리포트도 쓸 수 없습니다. 많은 책을 조사하면 글자 수는 벌 수 있을지 모르지만, 스스로 깊이 고민하고 자신의 의견을 쓰지 않으면 리포트로서는 낮은 평가를 받게 됩니다. 그래서는 좋은 지적 생산이라고 할 수 없습니다. 철학을 하지 않으면 안 되는 이유가 여기 있습니다.

사물의 본질에
의미 부여하기

■ ▶ ●　　　철학이란 사물의 본질을 탐구하는 행위이고, 본질이란 진정한 의미입니다. 그래서 본질을 안다는 건 전부를 안다는 것입니다. 사물의 그 무한한 요소들을 한 마디로 정리하여 적합한 언어로 표현한 것이 철학이라 할 수 있죠.

그러기 위해서는 그 사물에 관한 것을 가능한 한 모두 머릿속에 그리고 거기에서 공통된 요소를 찾아내는 작업을 해야 합니다. 그 작업을 추상화라고 합니다. '추상'이란 '구체'의 반대이므로 구체적인 정보를 깎아서 제거하다 보면 추상적이 될 수 있습니다.

즉 구체적인 정보들이 하나로 정리된다는 뜻입니다. 그러면 더 이상 특수한 사정에만 해당되지 않게 됩니다. 예를 들어 기호는 추상적입니다. 화살표는 누구에게나 화살표가 가리키는 방향으로 간다는 의미죠. 그렇지 않다면 보행자도 자동차도 혼란에 빠져 서로 충돌하는 사태가 벌어지겠죠.

숫자는 추상적인 것의 전형입니다. 100은 누구에게나 1이 100개 모인 숫자입니다. 궁극적으로는 철학도 숫자로 표현하면 좋겠지만, 숫자로 표현하면 뭔가 중요한 것이 누락되어 버립니다. 컴퓨터의 세계에서는 무엇이든 0이나 1로 표현되는데, 뭔가가 빠진 것만 같습니다. 나는 이를 잘 설명하지 못했는데 수학자 오카 기요시의 설명을 듣고 겨우 내가 하고 싶은 말이 뭔지를 깨달았습니다.

일본 수학 역사상 최고의 수학자로 일컬어지는 오카 기요시가 평론가 고바야시 히데오와 '인간의 건설'이라는 주제로 대담을 한 적이 있습니다. 대담에서 고바야시 히데오는 숫자가 추상화된다는 오카 기요시의 말을 놓치지 않고 숫자는 원래 추상적이지 않느냐고 물었죠. 저도 그 점이 전부터 의문이었습니다. 오카 기요시는 이렇게 답했습니다.

"숫자는 지성의 세계에만 존재하는 것이 아닙니다. 숫자는 감정을 넣어야 성립합니다."

숫자에도 개성과 감정이 필요하며 그것이 없으면 공허해 진다는 말이었죠. 그런 의미에서는 철학도 추상화가 되면 안 되는지도 모릅니다. 내용이 공허해지지 않도록 차라리 보편화하는 편이 낫습니다. 그리고 여기엔 당연히 개성과 감정도 포함됩니다. 누가 뭐라 해도 인간의 행위니까요.

예를 들어 지구가 둥글다는 건 보편적인 진리입니다. 적어도 지구가 탄생한 이후로는 말이죠. 이 말은 지구가 둥글다는 것이 어떤 경우에도 맞는다는 뜻입니다. 일본인에게는 지구가 둥글지만 미국인에게는 네모나다거나, 지금은 지구가 둥글지만 천 년 전에는 세모였다는 뜻이 아니라는 말입니다. 그와 동시에 '둥글다'라는 표현에는 개성과 감정이 들어 있는 것처럼 느껴집니다. 구체라 표현해도 좋고 공 모양이라 해도 될 텐데 굳이 '둥글다'라는 말을 선택했으니까요.

철학의 지知를 보편적이라고 하는 이유는 이런 이유에서입니다. 그리고 언제 어디서나 적용되는 지식인 이상, 공통 언어로 표현할 필요가 있습니다. 무슨 말이든 좋지만, 자신밖에 모르는 사적 언어는 안 된다는 말입니다. 그러면 보편적인지 어떤지 알 수가 없습니다.

이렇게 해서 세상에 존재하는 사물에 의미를 부여하는 것, 이를 '세계의 유의미화'라고 합니다. 철학이란 사고의 탐험이며, 그 목적은 세계의 유의미화에 있습니다. 생각해 보면 인생이란 세계의 유의미화 과정이라고 할 수 있습니다. 세상에 태어나 아무것도 모르다가 다양한 경험을 하고 사물에 대해 생각함으로써 그 의미를 이해해갑니다.

물론 인간이 DNA로 이어받은 지식도 있겠지만 그 지식을 의미 있는 것으로 인식하고 이해하려면 역시 사고가 필요합니다. 그 의미를 깊은 차원에서 실천하는 것이 바로 철학입니다.

개념의 창조

■ ▶ ●　　　　이번에는 생각한다는 것과 철학한다는 것의
차이를 알아봅시다. 먼저 생각한다는 건 무엇일까요? 어떤
정보를 구하려 한다고 칩시다. 그러면 머리로 뭔가를 생각하
기 시작하겠죠. 바로 정보를 정리하는 것입니다. 특히 새로
운 정보는 정리가 필요합니다. 이미 알고 있는 정보라 해도
어디에 위치하고 있는지 생각할 필요가 있습니다.

　게다가 우리는 그 정보를 자기 것으로 만들려고 합니다.
이는 넓은 의미에서의 창조라고 할 수 있습니다. 인간은 사
고를 멈추지 못합니다. 컵을 생각할 때, 그저 투명한 원통의
물체만 떠올리고 끝내지는 않을 겁니다. 그것은 어디까지나
정리의 단계이고, 이어서 그 컵이 대체 어떤 것인지를 끊임

없이 사고하게 됩니다. 그것이 창조입니다. 왜냐하면 이미 입력된 정보 이상의 것을 자신의 머릿속에서 창조하기 시작하기 때문입니다.

이것이 생각한다는 행위의 기본입니다. 철학도 생각한다는 행위의 하나이므로 여기까지의 과정은 같습니다. 그런데 철학의 목적이 세계의 유의미화에 있는 이상, 질문에 대한 대답이 나올 때까지 철저하게 이 과정을 되풀이한다는 특징이 있습니다. 즉 철학이라고 말할 수 있으려면 어느 한 각도에서만이 아니라 모든 각도에서 철저하게 생각해야 하며 그 결과로서 스스로 창조해낸 답을 내놓아야 합니다.

프랑스의 철학자 질 들뢰즈는 《철학이란 무엇인가?》라는 책에서 다음과 같이 말했습니다.

"늘 새로운 개념을 창조하는 것, 그것이야말로 철학의 목적이다."

철학이란 자신의 말로 사물의 의미(개념)를 확정하는 작업입니다. 실로 개념의 창조라 해도 과언이 아닙니다.

그렇다면 자유의 의미도 끼니의 의미도 저마다 달라지겠지만, 뭐 좋습니다. 세계는 당연히 사람 수만큼 다르게 보일 테니까요. 100명이 같은 영화를 보면 감상도 100가지입니다. 감상이 비슷할 수는 있어도 완전히 똑같지는 않죠. 이렇듯 각자 다른 생각을 하니 같은 사회에서 살아가는 이상 서로 논의하거나 규칙을 만들어야 합니다.

만약 누군가 창조해낸 개념이 훌륭하다면 많은 이들이 그것을 추종하겠죠. 그러면 무슨 일이 일어날까요? 세계가 변하게 됩니다. 철학에는 그런 놀라운 힘이 숨어 있습니다. 이에 관해서는 5장에서 천천히 설명하겠습니다.

이상한 질문을
해야 한다

■▶●　　　이제 철학을 하기 위한 구체적인 방법에 관해 알아보겠습니다. 아무래도 학교에서는 철학사와 같은 지식을 가르칠 뿐 철학을 하는 진정한 방식에 대해서는 가르쳐주지 않는데요. 대학에 있는 철학자들을 보면 철학이 아니라 철 '학學'을 가르치고 있는 것처럼 느껴집니다.

철학은 필로소피의 번역으로 이는 '지知'를 의미하는 소피아Sophia와 '사랑한다'를 의미하는 필레인philein이라는 고대 그리스어가 어원이죠. 따라서 '애지愛知'라고 번역하는 편이 더 나았을지 모릅니다.

메이지 시대에 니시 아마네(西周, 에도 막부 말기와 메이지 시기의 사상가이자 교육자 – 옮긴이)가 '철학'이라고 번역한 것이 일반화되었는데, 나는 이것이 니시 아마네의 잘못이라고 생각합니다. 철학 자체는 학문이 아니니까요. 그래서 저는 여러분에게 철학을 하는 진정한 방법을 알려드리려고 합니다.

철학을 하려면, 사고를 탐험하려면 수단이 꼭 필요합니다. 바로 질문입니다. 겨우 그것뿐이냐고 생각하는 사람도 있겠지만 그것뿐입니다. 하지만 질문을 한다는 건 아주 어려운 일입니다. 특히 일본에서는 질문하는 법을 제대로 가르쳐주지 않아서 어떻게 질문을 하면 좋을지 아는 사람이 드물죠.

아이는 본래 원숭이 조지(《개구쟁이 꼬마 원숭이》 시리즈의 주인공 - 옮긴이)처럼 호기심이 가득한 천진난만한 존재라서 뭐든 의문을 느낍니다. 그래서 초등학교에 갓 입학했을 때까지는 "질문 있니?"라고 물으면 모두 힘차게 손을 듭니다. 그런데 학년이 점점 높아지고 본격적으로 공부를 하게 되면서 질문이 없어집니다. 교사가 아이들에게 함부로 질문하지 못하게 하니까요. 그러지 않으면 수업이 진행되지 않기 때문입니다.

일본의 교육은 초등학교에서 대학까지 교사가 일방적으

로 강의를 하는 형태입니다. 교사 본인도 그런 교육을 받아본 적 없으니 아동이나 학생과 토론을 피하는 경향이 있어 필연적으로 질문을 억제하는 수업 스타일이 되어버립니다. 이것이 유럽과의 큰 차이죠. 질문을 한다는 것 자체가 어렵고 특별한 일이 되었습니다.

그러면 질문이란 대체 어떻게 해야 할까요? 좋은 질문이란 어떤 걸까요?

그것은 질문하는 목적에 따라 달라집니다. 만약 상대로부터 대답을 끌어내는 게 목적이라면 그 대답을 나오게 질문합니다. 바로 소크라테스가 한 것처럼 말입니다. 소크라테스의 대화 방법인 문답법이나 산파술은 상대의 입에서 진리를 끌어냅니다. 이러한 질문을 적극적으로 도입한 수업을 소크라테스 메소드라고 합니다.

사물의 본질을 탐구하는 데 중점을 두는 경우에는 조금 다릅니다. 물론 질문자가 답을 아는 경우라면 소크라테스 메소드와 별반 다르지 않겠지만 질문자가 반드시 답을 전부 안다고는 할 수 없지요. 철학이란 그런 겁니다.

소크라테스도 모든 답을 아는 것은 아니었습니다. 그는 스스로 답을 알고자 질문을 하기도 했습니다. 이것이 '무지의 지'로, 아는 체하지 말고 모르면 모른다고 질문해야 더 똑똑해질 수 있다는 겁니다. 이 경우는 사물의 본질을 아는 것이 목적이므로 본질이 드러나는 질문을 생각하지 않으면 안 됩니다.

한 마디로 '이상한 질문'이 필요합니다. 예를 들어 "1+1은 얼마입니까?"라고 물으면 "2입니다"라는 당연한 대답밖에 돌아오지 않겠죠. 그러면 1+1의 본질이 드러나지 않습니다. 그럴 때 "1+1은 행복인가요?"라고 물어보면 어떨까요? 이것은 내가 생각해낸 이상한 질문이지만 질문을 받은 사람은 엉겁결에 생각에 잠기게 됩니다. 철학이 시작되는 것입니다.

나라면 "네, 1+1은 행복입니다"라고 대답할 겁니다. 왜냐하면 혼자보다는 둘이 행복하고, 맛있는 아이스크림이 2개가 되면 더 행복하니까요. 물론 상대가 "불쾌한 일이 배가 된다면요?"라고 물을 수도 있습니다. 그래서 다시 생각에 잠기고, 1+1의 진정한 모습이 드러나게 됩니다. 이런 식으로 이상한 질문을 이어가다 보면 지금까지 보이지 않았던 1+1

의 본질이 밝혀지지 않을까요? 되도록 여러 관점에서 보아야 본질에 더 가까이 다가갈 수 있기 때문입니다.

이러한 이상한 질문을 '질문 나이프'라고 부르고 싶습니다. 탐험에 꼭 필요한 도구라고 하면 뭐니 뭐니 해도 나이프입니다. 서바이벌 나이프라면 더욱 좋겠지요. 길을 내는 데도 먹을 것을 자르는 데도 나이프는 요긴하게 쓰입니다. 사고의 탐험을 할 때도 질문 나이프라는 이름의 서바이벌 나이프가 필요합니다. 이걸 써서 사물의 본질을, 세계의 의미를 밝혀냅니다.

철학에서 제대로 대답을 얻을 수 있느냐 없느냐는 질문에 달렸다고 해도 과언이 아닙니다. 답을 얻지 못한다면 질문이 나쁜 것입니다. "1+1은 얼마입니까?"라는 식의 질문만 계속해서는 본질이 드러나지 않습니다. "원자력발전소는 옳은가요, 그른가요?"라는 질문도 마찬가지입니다. 옳거나 그르거나 둘 중 하나의 대답밖에 나오지 않으니 아포리아(aporia, 막다른 곳)에 빠질 수밖에 없습니다.

이럴 때는 먼저 질문을 바꿔야 합니다. 이상한 질문, 즉 좋은 질문을 할 수 있게 생각해보는 겁니다. 어떤 이상한 질문이어도 상관없습니다. 아니, 이상할수록 좋습니다. 그건 의외라는 의미이고, 지금까지 깨닫지 못한 관점으로 세상을 본다는 뜻이니까요.

외국인이나 외계인처럼 다른 사람이나 다른 생물의 관점에서 묻는 것도 좋을지 모릅니다. 혹은 대상 자체를 다른 종류라 생각하고 물어보는 것도 효과적입니다. 먹을거리가 아닌데 마치 먹을거리에 관한 질문을 하듯이 질문하거나, 물건을 의인화하거나 말입니다. "1+1은 행복입니까?"가 그 예입니다.

단, 지리멸렬한 질문을 이상한 질문과 혼동해서는 안 됩니다. 그러면 지리멸렬한 답밖에 돌아오지 않을 테니까요. 아이폰의 시리처럼 "잘 모르겠습니다"라는 대답만 들어봤자 의미가 없다는 뜻입니다.

사물의 본질을 탐구하려면 다양한 관점이 필요합니다. 뒤에서, 아래에서, 비스듬하게, 안에서, 다양한 관점으로 사물을 보기 바랍니다.

한 문장으로 본질을
표현하는 연습

■ ▶ ●　　　이상한 질문을 하는 훈련에 도움이 되는 것으로 '사고실험'이 있습니다. 예를 들어 '트롤리 문제'라는 사고실험이 있습니다. 여러분이 트롤리의 운전사라고 합시다. 선로에서 다섯 명이 작업을 하고 있습니다. 그런데 브레이크가 듣지 않습니다. 그래서 선로를 변경하려는데 옆 선로에도 한 사람이 있네요.

자, 여러분이라면 어떻게 하겠습니까? 핸들을 꺾으면 다섯 명의 목숨을 구할 수 있지만 한 명은 죽게 됩니다.

한 사람을 희생 시켜 더 많은 사람을 구하는 게 옳은 걸까요? 아니면 자신의 손으로 사람을 해치지 않는 게 옳은 걸까요? 다른 질문도 가능합니다. 만약 핸들을 꺾는 게 아니라

한 남자를 다리 위에서 밀어 떨어뜨리면 다섯 명을 구할 수 있고 그중에 자신의 가족이 있다면 어떨까요?

사고실험이란 이처럼 다양한 관점으로 문제를 보면서 뇌를 단련하는 것입니다. 사고실험은 이외에도 헤아릴 수 없이 많습니다. 만약 이 세계가 5분 전에 창조되었다면 어떨까, 만약 꿈이라고 믿은 것이 현실이고 이 현실이 꿈이라면? 사고실험은 이상한 질문을 하는 훈련인 동시에 논리적 사고를 할 수 있게 뇌를 단련하는 훈련도 됩니다.

사고실험에서 드는 예가 극단적이라고 비판하는 사람도 있습니다. 하지만 극단적이어서 의미가 있습니다. 그래야 비교해야 할 대립점이 명확해지기 때문입니다. 사고의 탐험에 나서고 싶은 생각이 든다면, 사고실험은 본격적인 탐험에 나서기 전의 트레이닝으로 볼 수 있을 겁니다. 바위산을 기어오르는 연습이나 야생의 식자재로 음식을 만드는 연습처럼 말이죠.

이상한 질문을 잔뜩 던지면 고찰 대상을 다양한 관점에서 볼 수 있고, 그 수많은 대답 중에서 보편성을 찾아낼 수 있습니다. 말하자면 최대공약수를 골라내는 느낌입니다. 단, 숫자와 달리 답이 되는 말을 전부 골라내는 게 아니라 자신의 개성과 감정을 살리면서도 가장 적합한 말을 찾는 것입니다. 그 답의 전체를 대표하는 보편적인 말을요. 그런 말을 찾았으면 다른 사물과 차별화할 수 있는 한 문장으로 본질을 표현하면 됩니다.

가령 자동차의 본질에 대해 생각해본다고 합시다. 먼저 자동차와 관련된 이상한 질문을 몇 개 하고 그 질문에 각각 대답해봅니다.

"자동차가 하는 일은?" → "사람이나 짐을 태우고 달리는 것"

"정월은 어떻게 보내?" → "집(차고)에서 느긋하게"

"바보야?" → "전에는 운전사가 어떻게 하느냐에 달렸지만 요즘에는 AI 덕분에 똑똑해지고 있어"

"인간을 좋아하나?" → "예의가 없는 사람은 싫어"

"꿈은?" → "하늘을 나는 것과 무사고"

"바빠?" → "거의 매일 나가"

"라이벌은?" → "전철"

"수명은?" → "어떻게 관리하느냐에 달렸지만 10만 킬로미터 주행이라고들 해"

"멋도 부려?" → "타이어나 부품은 바꿀 수 있어"

"질색인 건?" → "비나 눈이 와서 미끄러운 길"

이런 식으로 최소한 10개 정도는 물었으면 합니다. 질문에 대한 답은 자신의 지식과 이해의 범위에 한정될 수밖에 없지만 그래도 좋습니다. 그것이야말로 스스로 생각한다는 것의 기본이니까요. 철학 카페 같은 곳에서 여러 사람과 함께 해보면 다른 사람의 답도 참고로 할 수 있다는 이점이 있습니다. 세 사람이 모이면 문수보살(文殊菩薩, 대승불교에서 최고의 지혜를 상징하는 보살 - 옮긴이)의 지혜가 나온답니다.

이어서 모든 답 중에서 최대공약수와 같은 요소를 골라냅니다. 아마 '사람이나 짐을 태우고 달린다'가 떠오를 텐데, 이것은 반드시 모든 답을 대표하는 요소가 아닐 수도 있지만 모든 답의 기본이 되는 요소입니다.

이를 개성과 감정을 살리면서 보편적인 말로 바꿔봅니다. 가령 "일상을 실어 나른다"라고 하면 어떨까요?

마지막에는 다른 사물과 차별화할 수 있는 표현으로 한 문장으로 만듭니다. "일상을 실어 나른다"라고만 하면 자동차뿐 아니라 운전사일 수도 있으므로 차별화하기 위해 뭔가 다른 말을 더해줍니다. 같은 운송 수단이라도 라이벌인 전철과 달리 자동차는 네 개의 타이어가 있으니 그걸 넣기로 합시다.

결국 자동차란 '일상을 실어 나르는 네 개의 타이어'라는 것이 여기에서 내가 철학을 한 결과입니다. 어떻습니까? 물론 이것은 최종적인 답은 아닙니다. 철학은 영원히 묻는 행위입니다. 보편적이라 해도 엄밀하게 말하면 답을 낸 순간부터 보편적이 아니게 됩니다. 왜냐하면 세상은 늘 움직이기 때문입니다.

언젠가 자동차가 하늘을 날게 되면 네 개의 타이어라는 말이 와닿지 않을지도 모릅니다. 또 생각하는 쪽인 나 자신도 변하게 됩니다. 따라서 늘 다시 물을 필요가 있습니다. 인류는 그렇게 같은 질문을 거듭해왔습니다. 자유란 무엇인가? 사랑이란 무엇인가? 하고 말입니다.

아무도 알지 못하는
철학의 역할

■ ▶ ●   철학의 의미와 철학을 하는 방법에 대해 말했는데, 어떤가요? 철학에 대한 인상이 조금은 달라지지 않았나요? 흔히 철학은 쓸모가 없다거나 재미가 없다고들 하지만 오해입니다. 철학은 쓸모가 있고 아주 재미있는 행위입니다.

요즘같이 컴퓨터가 주인공인 디지털 시대에는 철학이 고루하고 쓸모없는 학문의 상징처럼 여겨지기 십상입니다. 하지만 나는 디지털 시대라서 더욱 철학이 필요하다고 생각합니다. 테크놀로지를 어떻게 발전시키느냐, 어떻게 활용하느냐는 결국 철학의 문제이기 때문입니다.

이러한 의문에는 먼저 테크놀로지란 무엇인가, 그리고 사회란 무엇인가를 확실히 규명하는 것이 대전제가 됩니다. 정체를 알지 못하면서 어떻게 발전시키면 좋은지 누가 안단 말입니까?

AI가 발전할수록 철학이 요구됩니다. AI는 지금까지 기술의 측면에서만 추구되어왔습니다. 마치 좋지 못한 일이 일어날 것처럼 잔뜩 암운을 드리운 채로 말이죠. 그러고는 인간을 배제하면 어떻게 하나, 초조해합니다.

이런 문제는 미리 제대로 생각하고 논의해둘 필요가 있습니다. 그런 논의가 있고 난 뒤에야 기술의 개발이 이루어져야 하는 겁니다. IT 잡지 〈와이어드〉를 창간한 케빈 켈리는 그의 저서 《인에비터블 미래의 정체》에서 이렇게 말했습니다.

"우리는 너무 빨리 변화하여 새로운 기능을 발명하는 속도가 그것을 문명으로 받아들이는 속도를 앞질렀다."

그래서 문제가 생기는 것입니다. 철학은 상상력을 발휘해 많은 것을 예측하는 데 의의가 있는데, 전혀 실행되고 있지 않습니다. 그래도 지금까지는 그럭저럭 헤쳐올 수 있었죠.

철학 = 사고의 탐험 ⇨ 궁극의 '지적 생산술'

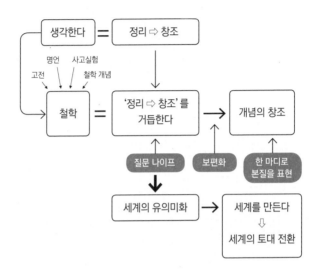

테크놀로지의 차원과 발전 속도가 상상의 범위 내에 있었으니까요. 하지만 앞으로 테크놀로지는 우리의 상상을 뛰어넘을 것입니다.

　디지털 시대를 살아가는 우리에게 필요한 것은 누구나 일상적으로 철학을 하는 것이며, 그러기 위해서는 철학도 다시 태어날 필요가 있습니다. 세계에 의미를 부여하기 위한 철학, 창조를 위한 철학, 지적 생산을 위한 철학으로요. 이 책에서 제시하는 것은 다가올 새로운 시대를 위한 새로운 철학이며, 이를 바탕으로 한 새로운 지적 생산술입니다.

그 너머에 있는 철학으로 여러분을 꼭 안내하고 싶습니다.

1. 철학의 정의

- 철학이란 본질 탐구 = 세계의 유의미화. 그것은 개념의 창조 나 다름없다.

2. 철학을 하는 방법

① 이상한 질문을 많이 한다(10개 이상).

② 각 질문에 대답한다.

③ 모든 답을 비교하여 전체적으로 공통되는 최대공약수와 같 은 요소를 골라낸다.

④ 그것을 감정과 개성을 살리면서 보편적인 말로 바꾼다.

⑤ 그 말을 축으로, 다른 사물과 차별화할 수 있게 한 문장으로 본질을 표현한다.

3. 철학의 새로운 역할

- 테크놀로지 시대의 철학에는 새로운 역할이 요구된다. 즉 더 욱더 상상력을 작동시켜서 미리 많은 것을 예측하지 않으면 안 된다.

chapter 2

철학자의 공부법으로
나의 사고력을 높인다

지금까지와는 다른
철학자의 공부법

■ ▶ ●　　　　당연한 말이지만, 지적 생산은 아웃풋입니다. 그리고 아웃풋을 위해서는 인풋이 꼭 필요합니다. 즉 공부가 필요하다는 말입니다. 공부의 질과 양에 비례해 지적 생산은 좋아지기도 나빠지기도 합니다. 그런 의미에서 이 책은 지적 생산을 위한 책인 동시에 공부하는 방법에 관한 책이라고 할 수 있습니다.

그래서 이번에는 효과적인 공부법을 소개해드리고 싶습니다. 바로 역사상 위대한 철학자들의 공부법입니다. 그들은 사고의 달인이며, 사고야말로 공부의 근간이기 때문입니다.

자, 대체 그들은 어떤 방법으로 공부해왔을까요? 그 공부법은 어떠했기에 그토록 놀라운 지적 생산이 가능했을까요?

철학자라는 사고의 달인들, 그중에서도 역사에 이름을 남긴 사람들이니 독특한 방법으로 공부했을 게 틀림없습니다.

이제부터 데카르트, 칸트, 헤겔, 니체, 사르트르, 데리다에 대해 살펴보고 그들의 사고의 비밀을 찾아봅니다. 아마 이런 형태로 철학자들의 공부법을 밝히는 것은 전례가 없는 시도가 아닐까요? 개중에는 꽤 독특한 방법도 있지만 결코 흉내를 낼 수 없는 것은 아니니 부디 참고하기 바랍니다.

데카르트의 자문자답
공부법

■ ▶ ●　　　　프랑스의 철학자 르네 데카르트는 "나는 생각한다, 고로 존재한다"라는 말로 유명하지요. 이 말은 이 세상에는 결코 의심할 수 없는 확실한 것이 딱 하나 있다는 의미입니다. 바로 자신의 의식이죠. 이렇게 자신의 의식을 중심으로 하는 철학이 근세 유럽에서 탄생했습니다. 그러면 어떻게 데카르트는 이런 발견을 할 수 있었을까요?

귀족이었던 데카르트는 기독교에 기초한 교육을 받았습니다. 그런데 기독교 학교에서 가르치는 스콜라철학은 학식 있는 사람이 저마다 답을 제시하는 스타일이라서 진리는 하나라고 여기는 데카르트에게는 받아들이기 어려웠습니다.

그래서 스콜라철학을 멀리하고 새로운 공부법을 실천하

기로 했습니다. 그 결과 새로운 사고법을 찾게 되었습니다. 일단은 데카르트가 실천한 새로운 공부법에 관해 즈느비에 브 로디스루이스가 쓴 《데카르트 전기》의 다음 글을 보기 바랍니다.

> '나는 책 연구에서 완전히 벗어나' '나 자신 안에서, 혹은 세상이라는 큰 책 안에서 찾아낸 지식 이외의 것은 이제' 탐구하지 않으리라, 라고 그는 서술했다.
> 이 경우, 그러한 자기 자신에 대한 회귀는 그가 이 '큰 책'에서 만난 것에 대한 자연스러운 반성의 발로이며 그것이 청년 시절 내내 끊임없이 그를 '여행'으로 이끌었던 것이다.

데카르트는 기독교 교육 안에서 스콜라 철학서가 제시하는 진리를 강요받았으나 그 모든 게 오류에 불과하다며 끊어낸 것입니다. 그리고 오히려 자기 자신 안, 혹은 세상에서 답을 찾으려고 했습니다. 여행을 거듭하면서 말이죠. 이는 '세상이라는 큰 책'에서 답을 찾기 위해서였습니다.

큰 책의 반대는 작은 책이니 데카르트는 아마도 스콜라철학의 답이 적힌 책은 보잘것없다고 말하고 싶었을 테죠. 유럽 전역을 여행한 데카르트는 다양한 경험을 합니다. 때로는 도적의 습격을 받고 검을 빼기도 했다니, 그런 경험을 하면서 세상의 현실을 정확하게 이해했으리라고 여겨집니다.

자, 이제부터가 중요한데, 만약 데카르트가 그저 유럽 여행 경험을 통해서만 숱한 의문에 답을 구했다면 그는 경험론자가 되었을 것입니다. 경험론이란 실험과 관찰을 통해 답을 구하는 영국의 경험주의 철학입니다. 그런데 데카르트는 그렇게 되지 않았습니다. 앞서 인용한 문구 중 '나 자신 안에서'라는 부분만 봐도 알 수 있을 겁니다.

데카르트는 반대로 자기 자신 안에서 답을 찾았습니다. 그는 먼저 충분히 여행을 했습니다. 그렇게 현실에 발을 디딘 후에 자신의 마음에 물었던 것입니다. 그는 어두운 방에 틀어박혀 생각하고 또 생각했습니다. 정말로 옳은 것은 무엇인가? 그것이 바로 그가 찾아낸 사고법이었습니다. 데카르트의 명저《방법서설》에는 그 모습이 다음과 같이 기록되어 있습니다.

아주 조금이라도 의심이 되는 것은 전부 절대적 오류로 폐기해야 하며 그 후에 내 신념 안에서 의심할 수밖에 없는 뭔가가 남았는지를 끝까지 확인하지 않으면 안 된다고 생각했다.

그 결과, 모든 걸 의심해도 그것을 의심하는 자신의 의식만은 의심할 수 없음을 발견했습니다.

이것은 사고법인 동시에 공부법이라고도 할 수 있습니다. 우리는 공부할 때, 어디에 답이 있을까를 자기 밖에서 찾기 시작합니다. 하지만 책에 적혀 있는 글이나 인터넷에 쓰여 있는 글은 전부 의심스러운 글뿐입니다. 그래서 무작정 받아들여서는 안 됩니다.

그러지 말고 자기 자신에게 물어보는 자세가 중요합니다. 최종적으로는 자신이 답을 내지 않으면 안 됩니다. 누가 뭐라고 하든 "나는 그렇게 생각한다"고 자신 있게 말할 수 있으면 되는 것입니다.

따라서 독자 여러분이 이를 공부법으로 실천한다면 어떤 공부라도 먼저 스스로 생각해서 답을 내야 합니다. 모범 답

안이나 풀이 방법이 수중에 있어도 보지 않을 용기가 필요합니다. 정말로 머리를 단련하기 위해서는 아무런 도움 없이 스스로 답을 내고, 그 답에 자신을 갖는 것이 중요합니다.

자기 자신에 질문하는 데카르트의 사고법은 어떤 의미에서 최강의 공부법이라고 할 수 있습니다. 인터넷이 발달한 요즘 시대에, AI가 무엇이든 대답해주는 요즘 시대에 굳이 자기 자신에게서 답을 도출해내다니 시대착오적으로 들릴지도 모릅니다. 하지만 다른 이가 낸 답은 궁극적으로는 마지막까지 옹호할 수 없을 겁니다. 남에게 빌린 거니까요.

인터넷과 AI는 반론도 무한히 할 수 있어서 내놓은 답에 자신이 없으면 결국 내가 틀렸다고 굴복하는 수밖에는 없습니다. 이에 비해 스스로 질문해서 낸 답은 누가 뭐라고 하든 흔들림이 없죠. 이것이 가장 강력한 힘입니다. 심지어 디지털 사회의 약점에 맞서는 힘도 갖고 있습니다. 무수한 답이 있는 스콜라철학에 대항해 탄생한 데카르트의 철학이 기묘하게도 현대에서 무수한 답을 내는 디지털 사회의 대항마가 되는 것입니다.

칸트의 일상 루틴
공부법

■ ▶ ●   자신에게도 타인에게도 엄격했던 임마누엘 칸트. 그의 철학 또한 엄격하기로 정평이 나 있습니다. 인간 인식의 한계를 밝힌《순수이성비판》이나 인간이 해야 할 일을 엄격한 논리로 설파한《실천이성비판》등의 저서가 그것이지요.

그런 칸트에게는 의외의 공부법이 두 가지 있었는데 바로 식사와 산책입니다. 둘 다 칸트의 생활에서 빼놓을 수 없는 동시에 칸트의 사고에 크게 도움을 준 공부 시간이었습니다. 이에 관해서는 알세니이 굴리가가《임마누엘 칸트》에서 자세하게 알려줍니다. 먼저 식사에 대한 이야기입니다.

칸트는 결코 혼자서는 밥을 먹지 않았다. 철학자의 관점에서 인간은 결코 혼자서 밥을 먹어서는 안 된다. 혼자하는 식사는 힘을 회복시키지 못하고 소모시킨다. 혼자식탁에 앉아 밥을 먹으면 자신의 생각과 마주하게 되어 생각하는 작업을 쉬지 못한다. 동석한 식사 친구만이 새로운 활력을 줄 수 있으며 그들과 자유로이 나눈 담화는 기분을 누그러트리고 즐거움을 준다.

그러기 위해 칸트는 함께 식사할 인원이 세 명에서 아홉 명 사이여야 한다고 말했으며, 늘 6인분의 식기를 준비했다고 합니다. 더욱 재미있는 것은 식사 중의 대화에 관해서도 '담화의 미학'으로서 자세히 규칙을 정했다는 점입니다. 예를 들어 모두와 이야기해야 한다든가, 화제를 비약시켜서는 안 된다거나, 논쟁이 된 경우는 농담으로 끝내자는 식으로요.

칸트가 식사 중의 대화를 이토록 중요하게 여긴 까닭은 새로운 활력을 얻기 위해서였습니다. 혼자서 내내 생각하고 공부하면 몸과 마음이 모두 지치죠. 기분 전환이 꼭 필요합니다. 하지만 이는 단순한 휴식과는 다릅니다. 만약 그런 거라면 서둘러 식사를 마치고 낮잠을 자면 되니까요.

칸트가 굳이 다른 사람들과 시간을 보내며 기분을 전환하려 한 이유는 다른 관점에서 정보를 얻고 스스로 생각할 때와는 다른 머리를 쓰려고 했기 때문입니다. 다른 사람과 대화하려면 에너지도 필요하고 머리도 써야 하니까요.

내 경험에서 비추어 봐도 무언가를 생각하다 막혔을 때, 다른 사람과 그것에 대해 대화하면 새로운 관점에서 대상을 볼 수 있고 돌파구도 찾을 수 있습니다. 대화 상대가 그 문제에 정통한 사람이 아니어도 됩니다. 말하자면 누구라도 상관없습니다. 목적은 어디까지나 자신이 관점을 바꾸기 위해서니까요.

식사를 할 때, 인간은 자연히 긴장이 풀리게 됩니다. 하물며 친구와 말하게 되면 더욱 그러하죠. 그래서 머릿속으로 자신이 생각하는 것과 결부시키게 되는 것입니다.

식사 이상으로 칸트가 공부시간으로 적극 활용한 것은 산책입니다. 칸트의 산책은 아주 유명합니다. 그의 산책시간은 시계 못지않게 규칙적이었고, 걸으면서 철학을 할 수 있다는 걸 보여주었죠. 굴리가가 쓴 칸트 전기에는 다음과 같이 쓰여 있습니다.

쾨니히스베르크 시민은 명사가 매일 조용한 걸음걸이로 같은 길 – 철학자의 길을 늘 혼자서 노령과 사색의 무게에 눌려 고개를 숙이고 걷는 모습을 보는 데 익숙했다. 유감스럽게도 머리카락은 이미 젊은 시절처럼 덮이지 않고 종종 옆으로 비껴갔다. 칸트는 길을 걷는 도중에는 생각하지 않으려고 했으나 그래도 사상이 떠오르면 그것을 적기 위해 벤치에 앉았다. 산책의 종점은 프리드리히스부르크였다.

매일 정해진 시간에 하는 칸트의 산책은 작은 마을에 사는 사람들에게는 시계 대신이었던 모양입니다. 칸트가 산책 시간에 늦었을 때 그 시간에 시계를 맞춘 사람이 낭패를 당한 일화도 있을 정도입니다.

칸트는 길을 걷는 도중에는 생각하지 않으려 했다는데, 식사와 마찬가지로 기분전환을 하기 위해 산책에 나섰기 때문입니다. 물론 건강을 위해서이기도 했겠지만요. 그래도 걷는 동안에 뇌가 활성화되니 아이디어가 나오는 것입니다.

기분 전환을 하면 뇌가 활성화됩니다. 그래서 칸트는 결과적으로 산책을 공부시간으로 만든 겁니다. 나는 산책은 하지 않지만 머리가 터질 것 같은 시점에 샤워를 합니다. 아무것도 생각하지 않고 그저 샤워를 즐기려 하지만 불현듯 아이디어가 떠오르죠. 그러면 샤워를 마치고 책상에 앉습니다.

칸트 덕에 산책이 사색에 효과가 있다는 사실이 잘 알려졌는데, 고대 그리스의 철학자 아리스토텔레스도 걸으면서 강의를 했다고 합니다. 그래서 소요학파라고 불리죠. 산책을 공부법으로 삼았던 칸트와는 이 점이 달랐다고 할 수 있겠네요. 그는 산책할 때는 말해서는 안 된다고 했는데, 아리스토텔레스와는 다른 게 말을 하면 호흡이 흐트러져서 몸에 좋지 않기 때문이라고 합니다.

일본의 철학자 니시다 기타로도 긴카쿠지에 가까운 강가를 걸으며 사색했다고 해서 지금은 '철학의 길'로 관광 명소가 되었습니다. 물론, 니시다는 칸트보다 훨씬 후대 사람이니 역시 칸트가 개척자라고 해도 좋을 겁니다.

이처럼 식사와 산책이라는 일상의 루틴을 공부의 과정에 집어넣은 것이 칸트의 특징입니다. 여러분도 일상의 루틴을 다시 검토해보세요. 의외로 성과를 올릴 수 있는 시간이 숨어 있을 겁니다.

예를 들어 아침의 이닦기, 아침식사, 통근, 점심식사, 이동, 누군가를 기다리기, 용변 보기, 저녁식사, 목욕, 잠자리에 들어가기 등등은 누구에게나 일상 루틴일 텐데 만약 이 시간을 전부 공부시간으로 쓰면 어떻게 될까요? 시간을 이렇게 쓰면, 단순히 시간을 유용하게 쓰는 이점만이 아니라 책상에 앉을 때와는 달리 자극을 얻을 수 있다는 이점이 있습니다. 참고로 나는 미용실에 가면 직원이 머리를 감겨주는 사이에도 책을 읽습니다. 머리도 자극을 받아서 최고입니다.

헤겔의 정리 노트식
공부법

■ ▶ ● 　　　헤겔은 독일 관념론의 정점에 선 인물로 철학의 체계를 완성했다고 일컬어집니다. 최근에는 이와 다른 독일 관념론 연구도 나왔지만 헤겔이 위대한 철학자임에는 변함이 없습니다. 헤겔은 백과사전을 의미하는《철학백과전서》과《정신현상학》《법철학》도 저술했는데, 각각의 분야에서 지(知)를 마치 사전처럼 체계적으로 엮어 완성했습니다.

이처럼 체계화에 능한 위대한 철학자의 탄생에는 역시 그와 연관된 어떤 공부법이 영향을 미쳤을 겁니다. 게오르그 비더만이 쓴 전기《헤겔》을 한번 볼까요.

그는 먼저 "(상세한 독서를 하는 중에는) 주목할 가치가 있다는 내용을 전부 한 장 한 장 쪽지에 써놓고, 특수한 내용이 포함될 수 있게 일반적인 표제를 그 쪽지의 위쪽에 붙여서 표시했다. 그러고 나서 위쪽 칸 밖의 중앙에 대문자로 기입사항을 요약한 표제어를 썼다. 그는 이러한 쪽지 자체를 다시 알파벳 순서로 정리해서 발췌한 내용을 언제나 찾아볼 수 있는 상태로 두었다. 거듭된 이사 중에도 그는 자신이 만들어낸 이 오랜 기록을 늘 보관했다." (10, S. 12f)

여기에 묘사된 발췌 방법이나 인용한 글을 꼼꼼하게 정리하는 방법, 그리고 일반적으로 타인의 사색 과정으로 깊숙이 헤치고 들어가는 방법은 훗날 헤겔의 정신적 활동에서 신문을 읽을 때 연필만 쥐고 읽는 정도의 의미를 갖게 된다.

체계를 중시하는 헤겔의 합리적인 사고법과 연구방법은 이처럼 학창시절의 공부법에서 이미 드러났다고 해도 과언이 아닙니다. 어쨌든 날마다 자기만의 독창적인 사전을 작성했으니까요. 지식이 마치 사전처럼 머릿속에 정리되는 것입니다. 말하자면 정리노트처럼요.

우리가 이 방법을 따라 할 때는 자유롭게 넣다 뺄 수 있는 루스리프(loose leaf, 자유로이 빼고 넣을 수 있는 종이를 바인더에 정연하게 편철한 장부 - 옮긴이) 같은 노트를 준비하면 좋습니다. 그리고 유용한 정보나 궁금한 대목을 한 장의 종이에 발췌하고 거기에 메모와 코멘트를 적어두는 것입니다. 이를 헤겔처럼 알파벳 순서로 적어놓으면 마치 자신만의 사전 같은 노트가 생깁니다.

헤겔은 《정신현상학》에서 신처럼 모든 것을 꿰뚫어 볼 수 있는 '절대지絶大知'를 논하며 거기에 도달할 수 있다고 일러줍니다. 헤겔의 정리노트는 다시 말해 그 절대지에 이르는 프로세스였죠.

이 세상에는 무수한 지知가 있습니다. 그런데 비더만이 말했듯이 바처럼 헤겔은 종국에는 신문을 읽을 때도 한 손에 연필을 들고 정보를 수집하게 되면서 온갖 분야에서 지를 흡수했음에 틀림없습니다. 이 세상에 자신이 알지 못하는 것이 완전히 사라질 때까지 말이죠.

하지만 헤겔은 단순히 지식만 많은 사람이라 논적을 예

리하게 비판하고 그에 따라 자신의 새로운 철학을 완성하는 매우 창조적인 철학자였습니다. 그것이 가능했던 것도 정리 노트식 공부법에 힘입은 바가 큽니다. 비더만은 앞선 신문 일화에 이어 이렇게 말합니다.

더욱 중요한 것은 다음과 같았다. 즉 이렇게 해야 비로소 엄밀하면서도 헤겔 이후 일반적으로 타당한 과학적 비판 방법 – 상세히, 그리고 상대의 변명을 충실히 재현함으로써 논적에 비판을 더 하고 그 이론의 결함과 한계를 제시하는 방법 – 이 발전하는 것이다. 게다가 그 방법은 논적의 이론 전체를 단순히 사리에 맞지 않다고 멀리하는 것이 아니라 그 내용을 발췌해 학문의 수준을 높이고 보존한다.

요컨대 헤겔이 발췌한 글을 빠짐없이 모아놓은 이유는 지식을 기억하기 위해서만이 아니라 비판을 위해서이기도 합니다. 정확하게 인용하지 않으면 설득력 있는 비판을 할 수 없으니까요. 게다가 헤겔의 경우, 논적의 인용 부분을 무작정 부정해서 끊어내는 것이 아니라 그것을 살려서 새로운 설을 제창하는 것이라 더욱 그 부분이 중요해졌습니다.

이는 헤겔 철학의 근간이라고도 할 수 있는 변증법 그 자체입니다. 변증법이란 문제를 끊어버리는 게 아니라 오히려 받아들임으로써 더 발전된 답을 도출해 내고자 하는 논리입니다. 어쩌면 헤겔의 변증법은 이 학창시절의 공부법에서 탄생했는지도 모릅니다.

공부법 자체가 일하는 방식이 되거나 사고의 힌트가 되는 경우가 실제로 있습니다. 나는 여러 공부법을 시도해보았고, 그것이 그대로 책을 기획하는 힌트가 되었습니다. 생각해보면 지적 생산이란 인풋의 결과물이라 공부와 직결되는 것이 당연합니다.

그러니 헤겔의 예를 떠올리면서 공부와 지적 생산을 따로 떼어 생각하지 말고, 그 연속성 안에서 제대로 파악했으면 합니다. 그래야 공부법도 개선할 수 있고 무엇보다 공부를 일이나 지적 생산과 따로 떼어 파악하는 함정에도 빠지지 않을 것입니다.

니체의 자기도취형
공부법

■ ▶ ●　　　　니체는 격정형 철학자였습니다. 그의 초기 저서 《비극의 탄생》에 나오는 디오니소스는 물론 《차라투스트라는 이렇게 말했다》의 중심 사상인 초인에도 잘 드러나죠.

《비극의 탄생》은 아폴론과 디오니소스라는 대조적 세계관을 묘사하고 있습니다. 태양신 아폴론과 도취적·격정적 예술을 상징하는 신 디오니소스. 니체에 따르면, 얼핏 보기에 밝아 보이지만 아폴론적인 것은 어두운 디오니소스적인 것의 그림자입니다. 그는 본질적인 부분에서 괴로움을 받아들여야 비로소 인간은 강하고 밝게 살아갈 수 있다고 주장했습니다.

한편 《차라투스트라는 이렇게 말했다》에 나오는 초인은

신에 의지하던 나약한 인간이 신이 죽었음을 인식하고 그럼에도 자신을 뛰어넘어 강하게 살아가자고 호소합니다. 성서의 패러디라고도 일컬어지는 이 새로운 신의 창조 이야기는 역시 허무주의를 극복하려는 힘찬 사상으로 파악할 수 있습니다.

이처럼 격렬한 힘이 넘쳐흐르는 묘사는 니체가 자신 있어 하던 부분입니다. 그러한 사상의 원천에 젊은 시절의 공부법이 영향을 끼쳤다고 생각할 수 있습니다. 요아힘 쾰러의 《니체 전기 차라투스트라의 비밀》을 보면 시간표에 따라 진행되는 학교 교육에 반발하듯이 프리츠, 즉 소년 니체가 예술에 눈을 뜨는 모습이 기록되어 있습니다.

프리츠는 '학교라는 고문'에 굴복한 것처럼 행동하고 노력가를 연기하는 한편 누구에게도 털어놓을 수 없는 영혼의 절규를 시로 표현했다. 그는 시를 쓰고 작곡을 했다. 배출구가 필요했기 때문이다.

이야말로 예술가의 모습 아닌가요? 억눌린 울분과 에너

지를 격렬한 예술의 형태로 승화하려는 자세. 머지않아 이 예술가와도 흡사한 철학자 니체의 집필 스타일은 한창 작곡을 하는 도중에 탄생합니다.

스무 살 무렵, 학교 졸업시험 준비를 하던 니체는 어느 날 축제에서 벌어진 싸움에 정신이 팔려 공부에 집중하지 못했습니다. 그래서 취미인 피아노로 작곡을 해보기로 하지만 뜻대로 되지 않았죠. 그래서 이번에는 펜을 들고 시를 쓰려고 했습니다. 머리를 싸매고 끙끙 앓던 중에 변화가 찾아왔습니다. 켈러의 《니체 전기》에는 이렇게 쓰여 있습니다.

머지않아 그도 알았다. 이 흥분은 다른 템포를 필요로 한다는 걸. 당장 종이를 준비해야 해. "새 종이를 들고 오자. 그러고 나서 서둘러 펜을 놀리는 거야, 자, 어서, 잉크야!" 오로지 빠르게 쓴다는, 니체의 이 운동의 진수는 1871년의 시에 멋지게 표현되어 있다. 그가 '리듬이 있는 모든 형상'에 둘러싸여 '분투하며 일어서자' 이윽고 '잉크가 뾰족한 펜촉을 통해 흘러내리며 사방으로 튀어나갔다'고 한다.

그렇게 언어는 신체에서 흘러넘치는 것을 대변하는 역할을 맡고, 언어는 신체의 일부가 되었습니다. 정열적인 아포리즘이 장기인 예술가적 철학자 니체의 탄생입니다.

마치 종교적 계시가 있었던 듯한 묘사지만 어떤 의미에서는 니체에게 진짜로 그랬는지도 모릅니다. 그렇다고 해서 우리가 따라 할 수 없는 건 아닙니다.

실은 나도 니체와 조금 닮은 점이 있습니다. 물론 더 낮은 차원이지만요. 워드프로세서로 문서를 작성할 때 마치 음악을 작곡하는 것 같은, 적어도 피아노를 치는 것 같은 감각에 사로잡히는 경험입니다.

그리고 펜이 술술 나아갑니다. 이것은 오로지 빠르게 써 내려갈 때 일어난 적이 많습니다. 완전히 니체가 했던 말 그대로입니다. 러너스 하이(runners' high, 30분 이상 달릴 때 얻는 도취감, 혹은 달리기의 쾌감 – 옮긴이)까지는 아니지만, 무언가에 몰입하면 인간은 도취되는 경향이 있나 봅니다.

그래서 이 부분은 니체를 따라 하는 것도 가능하다고 생각합니다. 빠르게 써 내려감으로써 리듬을 타서 노래와 시를 짓는 감각에 사로잡히는 것입니다. 좋아하는 음악가가 있으면 그 사람을 상상하는 것도 좋겠지요. 공부는 리듬입니다. 그래서인지 음악을 들으며 효과를 올리는 사람도 있습니다. 그런 사람은 음악을 들으면서 공부하면 좋을 겁니다. 산만해서 공부에 집중하지 못하는 사람은 이미지만이라도 떠올리면 도움이 될 거라 생각합니다.

이 방법이 글을 쓸 때 효과가 있음을 나도 체험했습니다. 하지만 글쓰기 밀고노 암기든 계산이든 사고든 단숨에 집중함으로써 도취될 수 있습니다. 그러기 위해서는 간단한 것부터 시작하면 좋겠지요. 무슨 일이든 몰입하기 위해서는 입구가 중요합니다. 여기서 좌절해서는 안 됩니다. 할 수 있다는 자신감만이 스스로를 도취시킬 수 있습니다. 이미 알고 있는 사안을 확인하는 작업부터 슬슬 시작해 서서히 수준을 올리는 것이 요령입니다.

생각해보면 공부는 일종의 도취입니다. "내가 이렇게나 잘하다니" "나는 대단해"라고 느낀 적이 있지 않습니까? 실은 니체도 자주 그렇게 스스로를 칭찬했습니다. 그게 바로 니체의 도취형 공부법의 입구입니다. 여러분도 부디 따라해 보기를 바랍니다.

사르트르의 오리지널
카드 공부법

■ ▶ ●   사르트르는 20세기 지성의 스타로 불릴 정도로 대지식인이자 실존주의 철학자였습니다. 학창시절부터 누구나 인정하는 천재였죠. 하지만 타고났다기보다는 노력의 결과였던 걸로 보입니다. 그도 엄청난 독서가로, 책 읽기를 즐겼습니다. 이 '즐기다'는 표현에는 여러 의미가 내포되어 있는데 만화를 '즐겨' 읽는다고 할 때의 '즐긴다'는 의미보다는 지식을 즐겨 흡수한다는 의미가 더 정확할 겁니다.

실제로 그의 방대한 지식의 배경에는 탐욕스럽기까지 한 지적 욕구가 크게 자리하고 있었습니다. 사르트르는 고등사범학교 시절, 친구에게 이렇게 말했다고 합니다.

"나는 가장 많은 걸 아는 사람이 되고 싶어."

그런 사르트르의 공부법은 많은 양의 정보를 수집해 솜씨 좋게 정리하는 데 그 특징이 있습니다. 그것이 그 엄청난 양의 지식을 늘 머릿속에 집어넣고 필요할 때 꺼낼 수 있었던 이유겠죠. 사르트르는 엄청난 양의 책을 읽으면서도 읽은 책은 바로 남에게 주었으니까요. 컴퓨터도 없는 시절, 모든 정보는 그의 지식이 되어 머릿속에 깔끔하게 정리된 형태로 보존되었던 것입니다.

아마 학창시절부터 그러했을 텐데요. 아니 코엔-솔랄의 《사르트르 전기》에 동시대의 철학자 조르주 캉길렘(Georges Canguilhem, 프랑스 생명과학철학과 의학철학을 대표하는 인물 - 옮긴이)의 사르트르 평이 소개되어 있습니다.

사르트르는 고작 스무 살에 무서울 정도의 지적 능력을 갖추고 있었다. 그것은 폭넓은 독서에서 비롯된 것이다. 또한 조금의 거리낌도 없이 무엇이든 거침없이 쏟아내는 정열적인 화법에 '뻔뻔스러울' 정도로 대담했다. 그것이 당시 젊은이였던 우리 모두와 다른 점이었다.

사르트르는 학창시절부터 틈나는 대로 책을 읽고 틈나는 대로 아웃풋을 냈던 것입니다. 글뿐만이 아니라 말로도요. 인풋만 해서는 지식이 자리를 잡지 않고 스스로도 어디까지 이해했는지 잘 알 수가 없습니다. 그래서 아웃풋이 필요합니다. 하지만 일일이 독서감상문을 쓸 시간은 없습니다. 그럴 때는 사르트르처럼 바로 말로 떠들면 됩니다. 나도 책을 읽으면 바로 누군가에게 말하려고 합니다. 멋대로 구는 것처럼 보일 수도 있겠지만, 쓸모 있는 이야기를 듣고 싶어 하는 사람도 있으므로 서로 이득이라 생각합니다.

고등사범학교에서 본격적으로 철학을 공부하게 되자 사르트르는 더욱 탐욕스럽게 책을 읽고 그것을 바탕으로 지적 생산을 했습니다. 그 구체적인 방법이 《사르트르 전기》에 상세히 기록되어 있습니다.

시험을 준비하던 사르트르는 당시 필독서로 꼽히던 중요한 저작을 필사함으로써 자기 것으로 만드는 기술을 근면하게 자기 안에 거두어들였다. 그는 고등사범학교에서 지급하는 푸른색과 베이지색 두 종류의 종이를 여덟 조각으로 대충 자른 카드에 왼쪽에서 오른쪽으로, 위에서 아래로 여백을 남기지 않고 숨도 쉬지 않고 급하게 – 글자가 겹치고 비뚤어진 채로 – 써 내려갔다. 과제에 따라 칸트, 플라톤, 데카르트 혹은 자유에 관한 책 내용과 자신의 메모로 카드를 채워갔다.

사르트르의 카드 공부법에는 몇 가지 배울 점이 있습니다. 먼저 보기에는 좋지 않아도 개의치 않는다는 점입니다. 내용이 중요하지 겉보기는 어떻든 상관없습니다. 자기만 알아보면 되니까요. 게다가 그 많은 카드는 가지고 다니거나 보관하기 위한 게 아니라 머릿속에 집어넣기 위한 수단입니다. 한 번 쓰고 버리는 거죠.

단순히 책의 내용을 옮겨 적은 게 아니라 자신의 견해를 적었다는 점도 배워야 할 부분입니다. 이는 정보를 자기 것으로 만드는 아주 중요한 과정입니다. 그렇지 않다면 굳이 카드를 따로 만들 필요가 없죠. 이처럼 자신의 견해를 달면 기억이 정착된다는 이점도 있습니다. 기억을 끄집어내는 인덱스가 되는 거죠. 자신만의 오리지널 견해를 갖는 건 남의 의견을 따르는 것보다 능동적인 행위라서 기억하기가 쉬우니까요.

현대를 사는 우리가 이 방법을 따라 할 때는 스마트폰이나 태블릿 PC에 의지하지 않게 주의해야 합니다. 지금은 카드를 갖고 다니지 않아도 스마트폰에 얼마든지 정보 저장이 가능해서 편리하지만, 사르트르 공부법의 핵심은 정보를 정리하는 게 아니라 머릿속에 집어넣고 자기 것으로 만드는 데 있습니다. 그러니 양식에 연연하기보다 되도록 빨리 머릿속에 집어넣고 데이터를 삭제하자고 마음먹는 편이 좋습니다.

이렇듯 사르트르는 카드를 활용해서 인풋한 지식을 거침없이 자유자재로 아웃풋했습니다. 그럴 때 그는 자신의 논리를 처음부터 끝까지 일관되게 이어가려고 유의했다고 합니다. 그렇게 해서 사르트르는 새로운 사상체계를 만들어냈죠. 세간에서 말하는 사르트르의 실존주의입니다.

사르트르의 실존주의란, 한 마디로 자신의 인생을 자신이 직접 열어간다는 뜻입니다. 그것이 그 유명한 "실존은 본질에 앞선다"의 의미입니다. 정해진 본질, 즉 운명보다 자신의 존재, 이 선택을 우선한다는 뜻입니다. 우리는 자신의 손으로 얼마든지 인생을 만들어갈 수 있습니다. 이것이야말로 20세기라는 갑갑한 시대를 보란 듯이 자유롭게 살았던 사르트르가 실제로 체험한 감각일 겁니다. 그리고 그런 인생을 가능케 한 것은 다름 아닌 젊은 시절에 치열하게 했던 공부였습니다.

데리다의 형식 파괴
영화 공부법

■ ▶ ●　　　자크 데리다는 형식을 파괴한 철학자입니다.
포스트 구조주의의 기수로 불리는데, 현대사상이 어느 정도
체계화된 구조주의 시대의 대를 이을 자로서 자리매김하고
있습니다. 아직 어떤 철학자인지 평가가 내려지지 않았다는
뜻입니다. 그래서 '후대'를 의미하는 '포스트'를 붙여서 부
르는 것입니다.

　데리다가 새로운 것은, 그때까지의 철학을 전부 파괴하
려고 했다는 점입니다. 이를 '탈구축'이라고 하며, 하이데
거의 '해체'라는 용어에서 힌트를 얻은 '데콩스트뤽시옹
(déconstruction, 주어진 것으로서의 전체성이라는 사고방식에 의
문을 제기하고, 내부로부터 그 근저를 다시 바라보고자 하는 문예 비

평 – 옮긴이)'이라는 조어를 번역한 말입니다. 구조물을 해체하고 다시 구축한다는 의미입니다. 단순히 해체하는 것만이 아니라 다시 구축한다는 점이 중요합니다.

즉 탈구축이란 기존의 사물이 있는 곳을 해체하고 처음부터 새로운 형태로 다시 구축하는 것을 표현하는 말입니다. 근대 이전의 철학이 그렇게도 구축하고 체계를 쌓아올리려 애썼는데 이를 파괴하고 다시 만든다니, 터무니없는 발상이죠. 그런 터무니없는 발상은 어떻게 생겨났는지 데리다의 공부법을 통해 찾아보려 합니다. 브누아 페테르스의《데리다 전기》에는 다음과 같은 데리다의 고백이 인용됩니다.

나 같은 알제의 애송이에게 영화는 비일상적인 여행의 표상이었다. 나는 영화를 통해 무수히 여행을 해왔다. 이국적이면서도 친근한 미국 영화는 물론 프랑스 영화는 너무나도 특별한 목소리로 말하고 특징적인 몸동작으로 움직였다. 게다가 아직 한 번도 지중해를 건넌 적이 없던 나 같은 젊은이에게 실로 인상적인 육지의 풍경과 정신생활을 보여주었다. 여전히 미지의 세계였던 프랑

스티브 잡스, 손정의, 제프 베조스, 마윈, 일론 머스크…

이들은 어떻게 높은 수입과 삶의 보람을 쟁취했을까?

가미오카 신지 지음
유나현 옮김 | 13,000원

일본 최고의 재능 컨설턴트가 125명의 유명인을 분석해 알아낸 30가지 성공 원칙

비즈니스 심리 연구가로 수백 곳의 기업에서 사원 트레이닝 및 재능 컨설팅을 진행해온 저자가 자신의 재능을 폭발 시켜 높은 수입과 삶의 보람을 쟁취한 125명의 유명인을 분석한 결과를 담은 책. 진짜 원하는 일을 하고 싶은 사람들에게 섣부른 위로나 두루뭉술한 조언 대신 지금 당장 써먹을 수 있는 실천 지침을 제시한다.

똑똑한 나를 만드는 철학 사용법

방대한 분량의 문서를 단숨에 읽어낼 수 있다면? 최소한의 시간으로 전체 맥락을 파악할 수 있다면? 다양한 삶의 문제를 고민하고 해결할 수 있다면 얼마나 좋을까요? 정보 과잉의 시대를 맞아 우리는 스마트폰 하나로 언제 어디서든 원하는 정보와 지식을 찾아내고, 편리함에 빠져 '나의 생각'이 아닌 '타인의 생각'에 따라 행동할 때가 많습니다. 어떻게 하면 이 불확실한 시대에 지적 능력을 키워 현실에 단단히 발붙이고 살아갈 수 있을까. 이 책은 우리가 익히 아는 유명 철학자들의 공부법에서 답을 찾아, 철학식 사고를 통해 내 숨은 사고력을 3배 더 키워 다양한 삶의 문제에 활용하는 법을 알려줍니다. 현실에 단단히 발을 붙인 철학 개념으로 새로운 관점을 제시하고 있어, 일상의 고민에서 비즈니스 전략까지 삶의 모든 부분에서 지적 전투력을 극대화하는 법을 얻게 될 것입니다.

스 안으로 직접적으로, 아무런 매개도 없이 나를 데려다 주었다. 책이 해주지 못했던 일이다. 영화관에 가는 것은 즉흥적이고도 계획된 여행과 흡사하다.

알제리 출신의 데리다는 자신을 '알제(알제리의 수도 – 옮긴이)의 애송이'라고 칭하며 영화를 통해 미지의 외부세계를 알게 됐다고 말합니다. 영화는 현실이 아니라 누군가 한 번 파괴하고 재구축한 모습이죠. 기묘하게도 탈구축적인 현실을 소년 데리다는 영화로 흡수했던 것입니다. 이걸 공부라고 하지 않으면 뭐라고 말해야 할까요? 데리다 자신이 술회한 대로, 그것은 책에서 구할 수 없는 지식이었음에 틀림없습니다.

과거의 철학자들에게는 불가능했던 '영화에서 배운다'라는 일이 새로운 시대의 철학자 데리다를 낳은 배경이라는 생각이 자꾸만 듭니다. 게다가 이는 소년 시절에 그치지 않고 학생시절에도 계속됩니다. 그것도 점점 더 자각적이고 발전적인 형태로 말입니다. 브누아의《데리다 전기》에는 다음과 같이 기록되어 있습니다.

시간이 한참 지난 후에 데리다는 말했다. "영화는 학창 시절 내내 곁에 있어 주었다. 학창시절, 힘들고 우울할 때마다 영화는 나에게 약물이나 강장제, 혹은 도피 세계와 같은 효과를 주었다." 알제 시절과 마찬가지로, 고전적 시네필과는 반대로 볼 수 있는 영화라고는 거의 미국 영화밖에 없었다. 하지만 최대한 유쾌하고 즐거워서 순간적으로 현실을 잊을 수 있는 영화들을 골라 보았다.

지친 머리에 영화를 주입하는 것은 '약물이나 강장제 혹은 도피 세계와 같은 효과'일 만큼 강렬했을 겁니다. 데리다만이 아니라 현대의 사상가는 모두 영화가 있는 세계를 살아왔습니다. 데리다와 나란히 포스트구조주의의 대표적 사상가로 꼽히는 질 들뢰즈에 이르러서는 《시네마》라는 영화론까지 쓰였습니다.

데리다에게 영화는 공부의 일부였습니다. 본인은 공부라고 의식하지 않았겠지만 객관적으로 보면 공부의 과정이었다고 할 수밖에 없습니다.

온라인 게임이나 인터넷 역시 공부로 간주할지도 모릅니

다. 사실 그 징후는 이미 나타나고 있습니다. 태블릿 PC나 스마트폰으로 공부하는 아이들이 늘어나고 있으니까요. 게다가 종래의 공부와는 다르게 그 내용도 게임과 같은 것이 늘어나고 있습니다. 확실히 애플리케이션 제작이 일이 되는 시대이니만큼 우리도 공부의 정의에 대해 그야말로 탈구축하지 않으면 안 된다고 할 수 있습니다.

그런 가운데 전혀 새로운 종류의 철학을 제창하는 사람들도 나타날 것입니다. 인터넷 철학과 같이 차원이 다른 무언가가 말이죠. 그런 의미에서 우리가 데리다에게 배울 수 있는 형식 파괴 영화 공부법은 단순히 영화를 이용하는 데 그치지 않고 형식을 파괴하는 방법을 시도하는 데 있습니다. 공부라고 생각할 수 없는 것을 공부해본다. 그것이 새로운 자신을 만드는 한 방법이 될 것입니다.

그 시작으로, 이미 하고 있는 일을 공부로써 해보면 어떨까요? 예를 들어 뭔가 취미가 있다고 합시다. 보통은 그 취미와 공부가 관계가 있다고는 생각하지 않습니다. 오히려 공부를 하다가 한숨 돌리기 위해 취미를 즐길 텐데, 관점을 바꾸면 이야말로 형식 파괴 공부법이 될 수 있습니다.

우표 수집도 그러합니다. 우표에 그려진 그림에는 의미가 있습니다. 기념우표는 역사와 관계가 있는 경우도 많습니다. 그렇게 생각하면 우표 수집은 이미 미술이나 역사 공부가 될 것입니다.

1. 철학자는 사고의 달인이다

- 역사상 철학자는 모두 사고의 달인이다. 그들의 공부법을 따라 하면 사고가 진전되고 지적 생산력이 향상된다.

2. 구체적인 공부법

- 데카르트의 자기 자신에게 묻는 공부법
→ 다른 곳이 아닌 스스로에게 물음으로써 답을 얻는다.

- 칸트의 일상 루틴 공부법
→ 식사와 산책 등 일상 루틴을 살려서 공부 프로세스에 잘 집어넣는다.

- 헤겔의 정리 노트식 공부법
→ 매일 정리노트를 작성하여 지식을 사전처럼 머릿속에 정리한다.

- 니체의 도취형 공부법
→ 자기 도취에 빠짐으로써 집중하고 성과를 낸다.

- 사르트르의 오리지널 카드 공부법
→ 정보와 자신의 생각을 정리한 카드를 만들고 자유자재로 아웃풋한다.

- 데리다의 형식 파괴 영화 공부법
→ 형식을 파괴하는 방법을 시도함으로써 새로운 공부법을 확립한다.

chapter 3

내 숨은 잠재력을 끌어올리는
철학적 사고술

공부의 효율을 높이는
세 가지 원칙

■ ▶ ●　　　역사상 뛰어난 철학자들의 공부법은 무엇이든 우리에게 참고가 되지만, 그들은 어디까지나 철학의 프로지 공부법의 프로는 아닙니다. 따라서 그들의 공부법이 따로 다뤄진 적은 없었습니다.

그래서 이번에는 내가 수많은 철학을 배우고 거기에서 고안해낸 '철학식 공부법'에 대해 말씀드리려고 합니다. 나는 교토대학을 거쳐 이토추상사(일본 굴지의 거대 종합 상사 - 옮긴이)를 다녔고 이후 지자체에서 일하면서 대학원에서 박사학위를 취득했습니다. 그리고 철학자라는 이색 경력을 살려 공부법과 관련된 책을 내왔습니다. 말하자면 철학의 프로인 동시에 공부법의 프로인 셈이죠.

그런데 공부는 인간을 얼마나 성장시킬까요?

나는 무한히 성장시킨다고 생각합니다. 공부하면 스스로도 상상할 수 없을 정도로 멀리까지 갈 수 있습니다. 나 자신은 아직 멀었다고 생각하지만 적어도 공부 덕분에 여기까지 온 것이 틀림없습니다. 바닥까지 추락해 방 안에 틀어박혀 지내던 20대 후반과 비교하면 대학에서 교편을 잡고 많은 책을 낸 지금의 나는 아마 당시에 내가 상정했던 것보다 훨씬 높은 장소에 있을 겁니다.

꼭 남의 일을 말하는 것처럼 들릴지도 모르지만 어쩔 수 없습니다. 자신에 대해서는 알지 못하니까요. 정신을 차리고 보니 여기까지 왔다는 느낌입니다. 내가 한 일이라곤 매일 빠짐없이 공부를 한 것뿐입니다. 그것뿐입니다.

며칠 전 스피노자(17세기 유럽 철학에서 중요한 합리주의 철학자 가운데 한 명 – 옮긴이) 연구자 우에노 오사무에게 '개체 형상의 변모'에 대해 설명을 들었습니다. 스페인의 어느 시인은 자신이 쓴 근사한 시를 전혀 기억하지 못했다고 합니다. 이에 관해 우에노 오사무는 놀랍게도 "그 사람이 죽었기 때문이 아닐까?"라는 가정을 내놓았습니다. 죽음을 신체 기능의 정지라고 판단하면 불가능하지만, 그게 아니라 죽음을 어떤 역치(閾値, 생물체가 자극에 대한 반응을 일으키는 데 필요한 최소한의 자극 세기를 나타내는 수치 - 옮긴이)를 넘어선 것으로 본다면 다른 개체가 되는 것으로 얼마든지 생각해 볼 수 있습니다. 다른 형상이 된다는 말입니다.

인간은 스스로도 깨닫지 못하는 사이에 터무니없는 진화를 하기도 합니다. 그것이 개체 형상의 변모인지 아닌지는 모르겠으나 공부를 계속하다 보면 반드시 그런 순간이 오기 마련입니다. 부디 이를 믿고 꾸준히 해나가시기 바랍니다.

구체적인 공부법에 들어가기에 앞서 공부의 세 가지 원칙을 배워 보겠습니다. 공부의 세 가지 원칙은 목적, 전략, 습관입니다.

① 목적을 확실히 정한다

가장 중요한 것은 역시 목적입니다. 목적이 없는 공부는 목적지도 없이 후지산의 울창한 숲을 헤매거나, 돛단배를 타고 무작정 대해로 나아가는 것과 같아서 잘못했다가는 영영 돌아오지도 못할 수도 있습니다. 공부도 넓은 의미에서 사고의 탐험입니다. 생각하지 않으면 그것은 공부가 아니니까요. 그런 의미에서 목적을 확실하게 정하고 나아갈 필요가 있습니다. 시험에 합격하고 싶다거나, MBA를 따고 싶다거나, 책을 쓰고 싶다거나, 지식을 익히고 싶다거나, 무엇이든 좋습니다. 어쨌든 목표를 설정해야 합니다. 거기에서 역산해 어느 경로로 어떻게 가면 좋은지, 어떤 아이템을 준비하면 좋은지를 정해갑니다.

즉 자신이 납득할 수 있으면 되는 것입니다. 그 목표가 높은지 낮은지는 남이 판단할 일이 아닙니다. 또한 도중에 목표가 바뀌어도 상관없습니다. 편차치(偏差值, 일본의 학력평가 기준 - 옮긴이) 70인 대학을 목표로 했으나 60으로 바꿔도 되고, 사법시험을 행정고시로 바꿔도 상관없습니다. 혹은 전혀 다른 방향이 되어도 괜찮지 않을까요? 탐험도 그러합니다. 황금가면을 찾으려고 탐험에 나섰지만 도중에 가장 오래된 보석을 찾는 걸로 바꿔어도 괜찮습니다.

단, 자신이 납득할 수 있는 이유가 있어야 합니다. 대개의 경우, 공부를 시작해보지 않으면 자신에게 맞는지 아닌지 알 수 없습니다. 난이도도 가늠할 수 없죠. 탐험을 시작해보지 않으면 목표까지의 여정이 어떤지 알 길이 없습니다. 목표 변경을 포기로 보는 시각을 시대착오적 근성론이라고 하는 이유입니다.

지적 생산에 흔히 '스포츠 근성'으로 통하는 그런 불합리한 정신론은 필요 없습니다. 목표를 자꾸 바꾸는 것이 외려 좋습니다. 가장 피해야 하는 상황은 공부가 싫어지는 경우

철학식 공부법의 체계

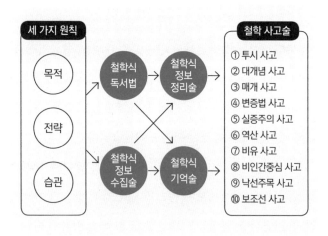

입니다. 이야말로 최악의 사태입니다. 탐험을 계속하는 한 뭔가를 발견할 가능성이 열려 있지만, 탐험 자체가 싫어지면 그걸로 끝입니다. 입학시험이든 자격시험이든 주입식 공부를 당장 그만둬야 하는 이유입니다. 시험공부는 싫어할지언정 공부 자체는 결코 싫어하지 말기를 바랍니다. 그것은 인간으로서의 성장이 멈춘다는 것을 의미하니까요. 그보다는 자꾸 목표를 바꿔가며 공부하면 좋지 않을까요?

② 공부가 즐거워지는 전략을 짠다

목적과 동시에 공부에는 반드시 전략이 필요합니다. 무엇을 어떤 순서로 어떻게 배워갈지, 사고의 탐험에 비유하자면 어떤 경로로 어떻게 나아갈지를 고려해야 합니다. 그러기 위해서는 어떤 준비가 필요할까요?

전략이란 말은 진부해진 감이 있는데, 전략이란 본래 '전쟁을 기도한다'는 의미입니다. 하지만 '전쟁을 없앤다'(한자 전략戰略을 일본어로 풀면 '戦いを略く'이므로 전쟁을 없앤다는 뜻이 된다 – 옮긴이)라고 해석할 수도 있죠. 전략을 세울 때, 가급적 전쟁이 나지 않게 계획해야 한다고 생각합니다. 이유는 간

단합니다. 맞서 싸우면 지치기 때문입니다. 공부하다 지치면 안 됩니다. 피곤한 줄 모르고 즐기면서 하는 것이 제일 좋습니다.

도중에 지치면 계속할 수도 없으려니와 마지막에 녹초가 되어 이어서 하기가 싫어집니다. 다음 날에 쓸 에너지까지 소비할 가능성도 있습니다. 그래서는 안 됩니다. 뭔가 즐거운 일을 상상해보세요. 아무리 놀아도 지치지 않는 건 즐겁기 때문입니다. 사실은 지칠지도 모르지만 피곤함을 느끼지 않습니다. 왜냐하면 싸우지 않기 때문입니다.

일은 어떤가요? 상사에게 떠밀려서 하는 단순 작업이라면 너무 피곤하고, 하기 싫은 일을 하기 위해 나 자신과 맞서 싸우는 수밖에 없습니다. 그래서 피곤해집니다. 그러면 공부에서 맞서 싸우는 것을 피하려면 어떻게 하면 좋을까요?

하기 싫은 일은 안 하면 됩니다. 하기 싫은 일을 해서 지쳤다면, 하기 싫은 일을 줄이는 것이 전략입니다. 일단 좋아하는 일만 한다. 간단합니다. 설명이 필요 없겠죠. 그러고 나서 생각해야 할 문제가 하기 싫지만 피할 수 없는 일은 어떻게 하느냐입니다. 정답은, 하기 싫은 일을 좋아하게 만드는 겁니다. 단순 작업에 관해서는 잘 모르겠지만 공부에 관해서라면 좋아하게 만들 수 있습니다. 하기 싫은 일을 좋아하는 일과 관련지어 생각하면 됩니다. 그러면 하기 싫은 일이 더는 싫어지지 않게 됩니다. 아이들을 보면 잘 알 수 있습니다. 수학을 싫어하는 아이도 장래 희망과 수학을 결부 지어 생각하게 하면 갑자기 수학공부를 하게 됩니다.

예를 들어 비행기를 좋아하지만 수학을 싫어하는 아이가 있다고 합시다. 파일럿이 되기 위해서는 계산을 할 수 있어야 합니다. 그 사실을 안 순간, 죽기 살기로 수학 공부를 하기 시작했다는 이야기를 들은 적이 있습니다. 그것도 기꺼이 말이죠. 암기도 마찬가지입니다. 그것이 자신에게 어떻게 도움이 되는지 알면 외우는 것이 더 이상 고문이 아니게 됩니다.

그러니 하기 싫은 일을 하기 전에는 먼저 자신의 사고를 컨트롤해보세요. 마인드컨트롤을 해보는 겁니다. 먹기 싫은 피망을 맛있다고 믿으라는 말이 아닙니다. 곰곰이 생각해보면 무엇이든 자신에게 필요한 일이나 자신이 좋아하는 일과 결부시킬 수 있습니다.

나도 과거에는 수학과 과학을 아주 싫어했습니다. 하지만 수학과 과학을 알지 못하면 요즘 세상에 대한 철학을 할 수가 없으니 수학과 과학을 좋아하려고 노력했습니다. 테크놀로지 시대에 본질을 탐구하려면 기계와 컴퓨터의 원리를 이해할 수 있어야 합니다. 그래서 이과 계열의 소양이 없는 나는 좋아하는 철학과 테크놀로지를 연결하여 생각하려 했고, 수학과 과학 지식을 쌓으려고 노력했습니다. 그 결과 지금은 아주 좋아하게 되었습니다. 아이가 수학과 과학 숙제가 있다며 질문하는 날에는 기꺼이 함께 문제를 풀게 되었습니다. 공부가 즐거워지느냐, 고통이 되느냐는 전략에 달렸습니다.

③ 매일 꾸준히 하면서 습관을 들인다

공부는 일단 습관을 들이면 손해 볼 게 전혀 없습니다. 습관이란 아무것도 생각하지 않고도 할 수 있는 것, 의식하지 않고도 할 수 있는 것입니다. 의식하지 않아도 할 수 있다면 편하겠죠. 그 반대라면 늘 신경을 써야 해서 피곤해집니다. 습관으로 하면 뭐든 편해집니다. 공부도 그렇습니다. 책상에 앉는 습관을 들이라고 울부짖는 이유도 여기 있습니다.

그러면 습관으로 만들기 위해서는 무엇을 하면 좋을까요? 매일 해야 합니다. 싫어도 지쳐도 루틴처럼 매일 반복하는 겁니다. 처음에는 하기 싫을 때도 있지만 오랫동안 강제적으로 하다 보면 어느새 이를 닦거나 목욕을 하는 것처럼 당연히 하게 됩니다. 매일 하지 않으면 습관으로 자리 잡지 않습니다.

단, 그 과정이 너무 버거우면 그만둘 가능성이 있으므로 되도록 여유를 갖고 편하게 하면 좋겠지요. 그러기 위해서는 습관이 될 때까지는 즐거운 것만 하는 게 좋습니다. 그래도 될까 우려하는 사람도 있을 텐데요. 습관을 들이려면 어느 정도 타협을 해야 합니다. 정말로 중요한 일은 못하더라도 일단은 즐기면서 매일 반복할 수 있는 일을 하는 것을 우선해야 하니까요.

참고로 습관화는 매일 정해진 시간에 한다는 뜻이 아닙니다. 지속하는 것이 중요하니 꼭 정해진 시간에 할 필요는 없습니다. 그렇게까지 자신을 밀어붙이면 오래가지 못할 수도 있습니다. 인간은 각양각색입니다. 생활습관만 봐도 알 수 있죠. 규칙적으로 생활할 수 있는 사람과 그렇지 않은 사람이 있습니다. 규칙적으로 생활할 수 있는 사람은 아마 공부도 정해진 시간에 해야 안정이 될지도 모릅니다.

반면에 나처럼 생활 자체가 불규칙하고 그럴 때 생산성이 올라가는 경우는 정해진 시간에 해야 한다는 압박감이 도리어 해가 됩니다. 그런 사람은 무리해서 정해진 시간에 하지 않아도 됩니다. 나는 그런 식으로 지금까지 근 20년간 잘해왔습니다. 요컨대 매일 계속하는 것이 중요합니다.

철학식 독서법

■ ▶ ●   ① 아웃풋 독서술

책을 읽기만 하고 끝내는 사람이 많은데, 그래서 나는 처음부터 아웃풋을 의식해서 읽자고 제안하고 싶습니다. 인간은 망각의 동물이니까요. 아무리 유익하고 감동했다 한들 거기서 그치면 너무 아깝습니다.

또 나중에 그 정보를 어떤 일에 써먹으려 해도 어디에 쓰여 있는지 처음부터 다시 조사해야 합니다. 결국 찾지 못하는 수도 있죠. 그런 일이 일어나지 않게 처음부터 참고가 될 만한 부분을 표시해두어야 합니다.

지적 생산을 위해 책을 읽는다는 건 그러한 것입니다. 이번에는 그 노하우를 알려드리고 싶습니다.

먼저 책을 읽는 목적을 제대로 설정하지 않으면 안 됩니다. 즉 무엇을 위해 읽느냐입니다.

① 보고서를 쓰기 위해서인지 ② 지식을 얻기 위해서인지 ③ 순수하게 즐기고 싶어서인지. 대략 이 세 가지라고 생각합니다. ①번의 경우, 지적 생산을 위해 읽는 것이고 ②번도 그 지식을 어딘가 쓸 데가 있다는 것을 감안하면 지적 생산을 위해서라고 할 수 있겠죠. ③번조차 그러합니다. 즐기기 위해서 읽는다 해도 어디서 그 지식을 아웃풋 하게 될지 모르니까요. 나중에 난처하지 않게 역시 준비가 필요합니다.

하지만 목적에 따라서 준비하는 방법도 달라집니다. ①번이라면 무엇이 필요한지 의식하고 인용한 부분 등 꼼꼼하게 표시할 필요가 있습니다. 나는 책을 볼 때 줄을 긋거나 메모하거나 책 귀퉁이를 접는 것이 기본이라 책은 되도록 사려고 합니다. 나아가 시간을 들이지 않는 것이 중요합니다. 노트에 정리할 시간이 있으면 그 시간에 책을 몇 권 더 읽을 수 있으니까요.

빌린 책은 어쩔 수 없으니 처음에는 포스트잇을 붙여놓고 나중에 사진을 찍어둡니다. 분량이 많지 않으면 복사를 해도 좋습니다.

②번이 목적이라면 참고가 될 만한 부분을 표시해둡니다. 어디에 어떤 식으로 참고가 될지도 써놓으면 좋습니다. 시간이 지나면 쉽게 잊어버리게 되니까요. ③번이 목적이라면 정말로 마음에 와닿는 부분이나 이야기 소재가 될 만한 부분만 표시해도 충분합니다.

어떤 경우도 아웃풋을 위한 메모를 해두어야 하겠지만, 목적에 맞게 방식을 바꾸지 않으면 시간이 아무리 있어도 부족합니다.

② 정독과 속독

책 읽기에 관해 좀 더 자세히 설명하면, 기본은 정독과 속독 중 하나입니다. 즉 책에는 정독하는 책, 속독하는 책, 둘을 병용하는 책이 있습니다. 정독하는 책은 중요한 책입니다. 본래 책이란 처음부터 마지막까지 내용을 철저히 이해해야 하므로 정독이 원칙입니다. 그런데 정독하려면 시간이 걸립니다. 한 자 한 자 이해하면서 꼼꼼하게 읽는 방법이니까요.

그래서 정독할 책을 선별하지 않으면 안 됩니다. 그 기준은 자신의 지적 수준입니다. 그러니 같은 책이 모든 이에게 정독할 가치가 있는 것은 아니겠지요. 단, 객관적인 평가가 높은 책이나 고전은 정독할 가치가 분명히 있습니다. 또 하나의 기준은 자신의 피와 살로 만들고 싶은지 아닌지입니다. 이렇게 한 달에 정독할 책을 몇 권 정하면 나머지는 속독입니다. 시간은 부족한데 세상에 읽어야 할 책은 너무 많으니까요. 대화에 뒤처지지 않기 위해서라도 대충 읽어둘 필요가 있습니다.

속독이든 정독이든 책을 읽을 때는 미리 머리말과 맺음말, 목차를 체크해두면 좋습니다. 머리말에는 책이 쓰인 경위와 취지가 쓰여 있을 뿐 아니라, 저자도 출판사도 힘을 쏟는 경향이 있습니다. 독자가 머리말을 읽고 책을 고른다는 것을 알고 있기 때문입니다. 맺음말에는 책의 내용이 간단하게 정리되어 있으므로 처음부터 답을 보고 문제를 푸는 것 같은 이점이 있습니다.

목차는 책의 설계도와 같아서 전체 구조를 한눈에 볼 수 있습니다. 특히 요즘 책들은 목차를 심사숙고해 구성하기 때문에, 그것만 봐도 어떤 책인지 바로 상상이 갑니다.

그런 다음 본문을 읽을 때는 막연히 읽지 말고 키워드에 주목해서 읽기 바랍니다. 그 책의 키워드도 좋고, 자신이 찾는 정보와 관계된 키워드도 좋습니다. 그러지 않으면 정보가 머리에 입력되지 않습니다. 안테나를 세우면 정보에 층위가 생겨 필요한 부분이 머릿속에 쉽게 들어옵니다.

③ 사고의 탐험으로서의 독서

이번에는 아직 어디에도 소개하지 않은 독서법에 관해 설명드리고 싶습니다. 앞에서 나는 독서법에 정독과 속독밖에 없다고 했습니다. 그 말은 맞지만, 정독을 하든 속독을 하든 평범하게 읽는 것과 '사고 탐험의 실마리를 찾기 위해서 읽는' 것과는 크게 다릅니다. 이는 책을 읽는 태도와 관련이 있는 문제입니다.

사고의 탐험이란 철학을 한다는 뜻이니, 철학 고전을 읽을 때는 사고 탐험의 단서로서 읽으면 좋습니다. 이는 모든 책에 해당되는데 우리는 책을 읽으면서 정보와 지식을 얻고 사고를 하니까요. 모든 독서가 실은 사고 탐험의 한 과정입니다.

생각하고, 책을 읽고, 다시 생각하는 사고의 탐험을 위해 독서를 한다고 인정하면 우리의 독서법은 몰라보게 달라지고 사고도 향상될 것입니다.

그러면 구체적으로 어떻게 해야 할까요? 탐험 지도를 읽듯, 선배 탐험가인 저자가 도달한 사고의 여정을 그대로 따라가는 것입니다. 그렇게 하면 저자가 어디에서 무엇을 발견하고 무엇을 생각하고 어디에서 좌절했는지가 보입니다. 여기서부터가 진짜 승부입니다. 우리는 저자와 똑같이 길을 걸으면서도 그것을 뛰어넘지 않으면 안 됩니다. 그러니 어딘가에서 저자가 도달한 길과 다른 경로로 변경할 필요가 있습니다.

가장 간단한 방법은 책을 다 읽은 후 이제까지 누구도 가보지 못한 땅을 목표로 해서 그 책을 넘어 앞으로 나아가는 것입니다. 이런 마음가짐만 가져도 독서의 결과는 꽤 달라집니다. 비판적으로 책을 읽는 것이 가능해지기 때문입니다. 성전을 읽는 방법과 보물지도를 읽는 방법은 같지 않습니다. 전자는 의심을 품고 읽는 책이 아닙니다. 반면 후자는 의심의 눈길로 읽어야 합니다. 그래야 숨겨진 새로운 길을 발견합니다.

또 읽는 도중에 새로운 발견을 하면 거기서 읽는 것을 멈춰도 좋습니다. 이것도 사고의 탐험으로서 읽는 경우에만 가능한 방법입니다. 통독이 책을 읽는 목적은 아닙니다. 사고의 탐험으로서 읽는 경우, 자기 나름의 발견을 하면 그 이상 읽을 필요가 없는 책도 있습니다. 아니, 그럼에도 완벽주의 때문에 마지막까지 읽는다면 시간낭비일 뿐입니다. 그 결단을 내릴 수 있느냐 없느냐는 사고의 탐험으로서 책을 읽느냐 없느냐에 달려 있습니다.

④ 책을 고르는 방법

마지막으로 책을 고르는 방법에 대해 말씀드리겠습니다. 나의 모토는 '완벽한 책은 없다'입니다. 어느 책이나 그 시점에서 최고의 글로 표현되어 있다고 생각합니다. 나도 늘 그런 마음으로 책을 씁니다. 하지만 시간이 지나면 새로운 정보가 나오거나 본인도 생각이 진화하기 마련입니다. 또한 사람의 저자가 감당할 수 있는 내용에는 한계가 있습니다. 여럿이 지은 책도 마찬가지입니다.

그래서 많이 읽어야 합니다. 같은 주제라도 여러 사람의 관점을 통해 읽어야 합니다. 그래서 내 경우 초급·중급·상급에서 각각 2권씩 읽기를 기본으로 합니다. 초급은 누구나 알 수 있는 입문서를 가리킵니다. 당연히 알기 쉬울수록 좋습니다. 그림이 잔뜩 들어 있거나 구체적인 예가 많은 책으로, 누가 쓴 책을 읽든 상관없습니다. 전문지식을 배우기보다 전체 내용을 파악하는 것이 목적이니까요. 2권을 읽는 이유는 정보의 부족을 보완하기 위해서입니다. 시간이 없으면 한 권만 읽어도 상관없습니다.

중급이란 어느 정도 자세하지만 전문서에는 미치지 못하는 책입니다. 대학 교수가 쓴 입문서 중에 비교적 많고, 입문서라고 쓰여 있지만 수준이 높은 편입니다.

상급은 전문서를 가리킵니다. 전문가가 전문가의 수준에 맞게 쓴 책이나 전문적인 수준을 배우는 사람을 위해 쓰인 책으로, 대학 교수를 비롯하여 연구자가 쓴 전문서가 여기 해당됩니다. 박사 논문을 엮은 책이나 최신 연구 성과를 발표한 책을 예로 들 수 있습니다. 굳이 여기까지 읽을 필요는 없지만 한 주제에 관해 공부하고 싶다면 여기까지 읽는 편이 이상적이라고 생각합니다. 갑자기 상급 책을 읽는 건 무리라도 초급부터 순서대로 읽어간다면, 독학이라도 그 분야에 대한 이해도가 상당히 높아질 것입니다.

철학식 정보수집법

■▶● 　　인풋을 위해서는 독서 외에 정보 수집을 더 폭넓게 할 필요가 있습니다. 특히 요즘 시대에는 더 그러합니다. 책 이외의 정보는 정확성은 떨어지지만 꽤 유익합니다. 무엇보다 모든 정보가 책이 되는 것은 아닙니다. 앞서 말했듯이 지적 생산은 인풋의 질과 양에 비례합니다. 부디 모든 수단을 써서 질과 양이 전부 훌륭한 정보를 효율적으로 수집하기를 바랍니다. 여기서는 그 요령을 말씀드리겠습니다.

① 색다른 것의 사냥꾼이 된다

탐험할 때는 무엇이 쓸모가 있을지 모릅니다. 그래서 쓸모없는 지식이나 경험은 하나도 없다고 할 수 있습니다. 그러한 지식과 경험 덕분에 살았다며 가슴을 쓸어내리는 경우도 있겠죠. 사고의 탐험도 마찬가지입니다. 어디에서 어떤 지식과 경험이 쓸모 있을지 모르니 정보는 모을 수 있을 만큼 모아야 합니다. 그 안에서 취사선택하거나 층위를 정하면 됩니다.

음식에 비유하면 일단 가리지 않고 먹으라는 말입니다. 아니, 지적 생산이라는 관점에서는 오히려 이상한 음식이야말로 먹어야 합니다. 색다른 것을 찾아다니는 사냥꾼이 되어야 하는 것입니다.

요령이라면 일부러 색다른 것을 찾으러 나가면 시간이 걸리니까 어디를 가든 그곳에서 이상한 걸 찾는 습관을 들이는 겁니다. 가족과 여행을 갔다고 합시다. 그다지 흥미가 없어도 아이를 위해 어쩔 수 없이 관광지에 갑니다. 그때, 모처럼 관광지에 갔으니 그곳에서 색다른 것을 찾으면 되는 겁니다. 그리고 찾은 것을 아이와 공유하면 존경받을 수 있을지도 모릅니다.

좋은 지적 생산이란 얼마나 창조할 수 있느냐에 달려 있습니다. 그리고 창조를 위해서는 당연히 이상한 것이 섞여 있는 편이 좋습니다. 그래야 재미있는 화학 변화가 일어나니까요. 예를 들어 큰 인기를 얻은 《똥한자연습》이라는 책은 이상한 것이 뒤섞이며 재미있는 화학 변화가 일어난 전형이라고 생각합니다. 단조로운 작업이 되기 쉬운 한자 쓰기 연습책에 똥이라는 소재를 섞어서 이처럼 재미있게 만들다니요.

걱정하지 마세요. 정말로 입에 넣고 먹을 수 없으니 배탈도 나지 않으려니와, 진짜 화학 실험이 아니라서 무엇과 무엇을 섞어도 폭발하지 않습니다. 안심하고 이상한 것들을 덥석덥석 집어먹기 바랍니다.

② 앞이 아니라 뒤에서부터

정보 수집이라고 하면 저도 모르게 인터넷에 의지하기 쉽습니다. 하지만 그러면 차별화가 되지 않습니다. 다들 인터넷에서 정보를 찾고 대개 같은 사이트에 접속하게 되니까요. 검색 빈도가 높은 순서부터 보이니 모두 첫 페이지, 심한 경우면 첫 페이지의 위에서 세 번째 정도까지밖에 접속하지 않습니다. 인터넷은 무한한 정보의 바다지만 의외로 도달하는 곳이 같습니다. 다들 깨닫지 못하고 있지만 이 점에 주의해야 합니다.

더 문제는 인터넷 정보가 대부분 불확실하다는 점입니다. 인터넷에는 누구나 정보를 올릴 수 있습니다. 개인이 아닌 조직에서 올리는 것조차 출판물에 비하면 교정이나 내용을 점검하는 필터가 느슨합니다. 생생한 정보를 올리는 것이 인터넷의 특징이라서 어쩔 수 없는 부분도 있겠지만 그 탓에 정확함이 떨어집니다.

그래서 내가 제안하는 것은 '앞이 아니라 뒤에서부터' 읽자는 것입니다. 즉 인터넷과 같은 불확실한 정보가 아니라 충분히 숙고되고 독창적인 정보에 초점을 맞추는 것입니다. 책이라면 고전을 들 수 있겠죠.

일반적인 책조차 출판이 되기까지는 내용과 형식이 충분히 숙고됩니다. 고전은 이에 더해 보편적 평가가 덧붙여집니다. 오랜 세월에도 살아남는 책이 고전이라서 보편적으로 좋은 평가를 받습니다. 최근의 베스트셀러에서는 볼 수 없는 이점이죠.

게다가 인터넷과 책의 정보는 고전을 바탕으로 하는 경우가 많습니다. 그렇다면 오리지널을 보는 편이 당연히 좋겠지요. 정확할 뿐만 아니라 전후 관계도 알 수 있기 때문입니다. 부분적으로 캡처되어 가공된 정보라면 진짜 내용이 뭔지 알 수가 없습니다.

하지만 고전을 읽는 것은 보통 일이 아닙니다. 내용이 난해한 책도 많고 시대 배경이 달라서 읽기가 어렵습니다. 그래서 추천하는 방법이, 아는 부분만 읽는 것입니다. 정보를 얻는 것이 목적이라면 그걸로 충분합니다. 모르는 정보는 쓸모가 없습니다. 자신에게 쓸모 있는 정보만 입수하면 됩니다. 책의 쓰임새는 사람에 따라서 다릅니다. 절대적인 독서법도 없습니다. 독서 자체를 목적으로 하면 지적 생산도 할 수 없음을 가슴에 새기기 바랍니다.

③ 24 × 3법

마지막으로 효율적인 정보 수집법에 대해 말씀드리겠습니다. 바로 24×3법인데요. 먼저 24시간을 다 써야 합니다. 24시간 내내 깨어 있으라는 말이 아닙니다. 충분히 자지 않으면 지적 생산을 할 수 없습니다. 우리의 몸은 잠을 잠으로

써 재생산할 수 있게 만들어졌으니까요.

내가 말하는 24시간이란 하루를 효율적으로 쓰라는 뜻입니다. 깨어 있는 시간은 전부 정보를 수집하는 시간입니다. 책을 읽거나 인터넷 검색을 할 때만이 아니라 회의시간에도 정보를 수집할 수 있습니다. 흥미가 없어도 회의 자료에 쓸모 있는 정보가 있을지도 모릅니다. 전철 안의 광고판도 그러합니다. 주간지 표제가 실린 광고판은 정보의 보고죠.

눈으로 볼 수 없을 때는 귀로 들으면 됩니다. 이어폰으로 뭔가 듣는 것만이 아니라 타인의 대화도 정보원이 될 수 있습니다. 어딘가에서 흘러나오는 음악이나 자연의 소리마저도 말입니다. 정보를 수집할 때는 그런 탐욕스러운 태도가 바람직합니다. 우리는 24시간을 어떤 환경 안에 있습니다. 의식을 조금만 바꿔도 정보에 둘러싸이게 된다는 뜻입니다.

24×3법에서 '3'이란 일, 공부, 정보 수집이라는 세 가지를 동시에 한다는 뜻입니다. 효율적으로 정보를 수집하기 위해서는 다른 일을 하면서 할 수 있으면 더 좋겠지요. 보통은 정보를 입수하고 그것을 활용해 일 또는 공부를 한다고 생각할 텐데, 그러면 한 가지 일밖에 하지 못합니다.

하지만 곰곰이 생각하면 우리는 일을 하면서 새로운 것을 배우고 동시에 정보를 수집할 수 있습니다. 이것은 의식적으로 세 가지 일을 하겠다고 마음먹고 작업하면 가능해집니다. 즉 멀티태스킹을 의식하면서 새로운 것, 모르는 것을 만나면 바로 조사에 들어갑니다. '나중에'는 안 됩니다.

그 자리에서 조사함으로써 정보 수집을 하는 동시에 그 자리에서 머릿속에 집어넣지 않으면 안 됩니다. 어딘가에 써두고 '나중에 생각한다', '나중에 기억한다'는 것은 소용없습니다. 대개는 나중에 하지 않으니까요. 이 경우에도 '나중에'는 금물입니다.

바꿔 말하면 멀티태스킹이란 '나중에'를 금지하는 것입니다. 전부 동시에 합니다. 그래서 나는 이른바 딴짓도 나쁘지 않다고 생각합니다. 수업시간이나 회의시간에도 가능하다면 여러 일을 동시에 하면 좋습니다. 단, 어느 것이나 소홀히 하지 않는다는 전제 하에서 말입니다.

철학식 정보정리술

■ ▶ ● 　　　정보를 입수하면 당연히 그것을 정리해야 합니다. 어떤 의미에서 가장 재미없는 부분이지만 피할 수 없으므로 몇 가지 포인트를 알려드리겠습니다.

① 카테고리로 정리

대량의 정보를 정리하려면 먼저 분류법을 준비해둘 필요가 있습니다. 칸트가 제창한 '카테고리'라는 개념을 참고할 수 있는데요. 칸트의 카테고리는 인간이 사물을 인식할 때의 판단표와 같은 것입니다. 말하자면 정보가 머리에 들어왔을 때, 어떻게 이해할지 먼저 그 판단표에 맞춰 분류하는 겁니다.

'분량' '성질' '관계' '양태'라는 네 가지 큰 분류 밑에는 각각 세 가지 작은 구분이 있습니다. 분량 밑에는 단일성, 다수성, 전체성이 있고, 성질 밑에는 실재성, 부정성, 제한성이 있으며, 관계 밑에는 실체와 속성, 원인과 결과, 상호작용이 있지요. 양태 밑에는 가능성, 현실성, 필연성이 있습니다. 이렇게 4×3으로 12종류의 카테고리가 마련되어 있습니다.

즉 다음과 같이 바꿔 말할 수 있습니다. 분량에 대해서는 "이것은 ○○다, 몇 개의 ○○는 ××다, 모든 ○○는 ××다"라는 세 가지로 분류할 수 있습니다.

성질에 관해서는 "○○는 ××다, ○○는 ××가 아니다, ○○는 사라지지 않는다"는 세 가지로 나눌 수 있습니다.

관계에 대해서는 "이것은 ○○다, 이것이 ○○라면 ××다, ○○는 ××거나 △△거나 둘 중 하나다"라는 세 가지로 분류가 가능합니다.

마지막으로 양태에 관해서는 "이것은 아마도 ○○일 것이다, 이것은 확실히 ○○다, 이것은 반드시 ○○가 아니면 안 된다"라는 세 가지로 분류할 수 있다는 말입니다.

이것은 어디까지 복잡한 내용을 이해하기 위해 쉽게 바꿔

칸트의 카테고리 표

놓은 것이라고 생각해주세요. 요컨대 인간은 이런 정보 정리를 위한 표를 머릿속에 갖고 있으며 거기에 정보를 차례로 집어넣는다고 상상했으면 합니다.

그리고 자신만의 정보 분류법을 만들어보면 어떨까 싶습니다. 예를 들어 중요도별로도 좋고, 종류별로도 좋을 것입니다. 정보를 바로 꺼낼 수 있느냐 없느냐, 바꿔 말하면 자신이 입수한 정보를 즉시 활용할 수 있느냐 없느냐는 이 정리 방식에 달려 있다고 할 수 있습니다.

단, 여기에 너무 공을 들이면 시간을 낭비하게 되니 어느 정도 타협은 필요합니다. 노트를 깔끔하게 정리하는 것이 목적인 것처럼 보이는 사람을 흔히 볼 수 있는데 그것이 반드시 아웃풋이나 성적에 영향을 미치는 것은 아닙니다.

② 일부러 정리하지 않는다

그런 의미에서 역설적이지만 정리하지 않는 방법도 있습니다. 나는 가능하면 이 방법을 쓰려고 합니다. 그러면 어떻게 해야 할까요? 그대로 머리에 넣는 것입니다. 메모도 칩도 아닌 머리에 말입니다. 일단 생각하고 머리에 넣는다. 이른바 철학식 정보정리술입니다.

그러지 않으면 바로 써먹을 수 없기 때문입니다. 그 사람의 머리에 지식이 얼마나 들어 있는지 아닌지는 대화를 해보면 바로 알 수 있습니다. 그래서 책을 읽고 감동했다가 실제로 저자를 만나 이야기를 들어보면 실망하는 경우가 많습니다. 그 사람이 쓴 책이나 서재, 컴퓨터에는 정보가 많이 있을 테지만 머릿속에는 아무것도 없습니다. 슬픈 일이죠.

나는 그렇게 되고 싶지 않아서 가능하면 머리에 넣어두려 합니다. 그렇게 하면 파일을 만들 필요도 없고 어떤 소프트웨어나 애플리케이션도 쓸 필요가 없어집니다. 여기서 정리하지 않는다는 건 자신의 머릿속 외에는 정리하지 않는다는 말입니다.

자신의 지식, 생각, 기억이 어디에 있는지 시각적으로 떠올릴 수 있게 머릿속에 잘 정리되어 있는 것입니다. 머릿속 정리에 도움이 됩니다.

이는 어디까지나 머리를 정리한다는 느낌이지 뇌과학 등 전문적인 이야기가 아닙니다. 그저 뇌를 정리 선반이라고 생각하면 됩니다. 내 경우, 선반의 위로 갈수록 중요한 정보를 집어넣으려고 합니다. 덕분에 기존의 지식과 관련된 새로운 정보가 들어오면 그와 관련된 선반에 함께 집어넣는 상상을 하게 되었습니다. 이렇게 하면 정보를 꺼낼 때의 효율성이 달라집니다.

정리를 하는 이유는 활용하기 위해서입니다. 따라서 쌓아놓은 지식을 가능하면 쓸 수 있게 만드는 편이 좋겠지요. 머릿속 정리 선반은 그러기 위한 것입니다. 그러면 자주 쓰는 지식은 필연적으로 중요해져서 위쪽 선반에 놓이게 되겠지요. 되도록 많은 지식을 바로 꺼내고 싶으면 평소에 많이 쓰면 됩니다.

영어 단어를 쓸 때와 똑같습니다. 자주 쓰는 단어는 바로 입에서 튀어 나오지만, 거의 쓰지 않는 단어는 좀처럼 생각도 안 나고 쉬이 잊어버리게 됩니다. 평소에 많이 쓰면 입에 붙어서 나오는 단어의 양이 늘어납니다. 영어 단어를 일반 지식으로 바꿔 생각하면 쉽게 이해할 수 있으리라 생각합니다.

③ 그럼에도 간단정리술

그럼에도 인간의 머리에는 한계가 있어서 나는 초간단 정리술도 병행하여 쓰고 있습니다. A4 파일과 스마트폰 사진으로 말이죠. 어떤 자료도 A4 크기로 보관하는 점이 핵심입니다. 크면 접고 작으면 A4 용지에 붙입니다. 일일이 오리거나 복사하려면 시간이 드니 그 자리에서 바로 가공을 하는 것입니다. 그러면 필연적으로 접거나, 찢거나, 붙이게 됩니다.

이런 자료는 아무래도 머릿속에 넣지 않되 남겨두는 편이

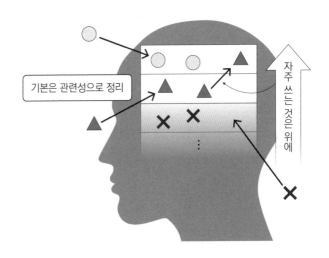

머릿속 정리장

기본은 관련성으로 정리

자주 쓰는 것은 위에

낫다고 생각한 정보뿐이라 그렇게 많지는 않습니다. 이러한 자료는 A4 크기의 클리어 파일에 넣어둬도 그렇게 두껍지 않습니다. 게다가 가방에 넣고 다닐 수도 있습니다.

위에서부터 새로운 것을 순서대로 넣기 때문에 아래쪽에는 오래된 정보가 들어가게 됩니다. 게다가 한 번이라도 다시 보면 서랍 위쪽에 넣을 수 있으니 아래에 쌓인 것들은 별로 볼 일이 없는 쓸모없는 정보라는 뜻입니다. 1년이 지나도 그 상태라면 버립니다.

이렇게 해서 내 클리어 파일은 늘 1센티미터 이내의 두께를 유지하고 있습니다. 게다가 최근에는 스마트폰으로 사진을 찍게 되면서 종이 자료는 점차 줄어들고 있습니다. 스마트폰 화면은 A4 용지보다 작고 메모하기도 번거로워 썩 마음에 들지는 않지만 간직해야 하는 경우나 A4 크기에 도저히 들어가지 않을 정보는 일단 스마트폰으로 찍어놓습니다.

철학식 기억술

　① SUCCESS+S의 법칙

기억을 어떻게 정착시킬지는 공부에서 하나의 관문입니다. 칩 히스와 댄 히스의 공저《스틱》에 따르면 기억에 남기는 데는 6가지 법칙이 있다고 합니다. 'SUCCESS의 법칙'라고 합니다.

즉 '단순 명쾌하다Simple' '의외성이 있다Unexpected' '구체적이다Concrete' '신뢰성이 있다Credible' '감정에 호소하다Emotional' '이야기성이 있다Story'는 6가지를 의미합니다. 이러한 영어의 머리글자를 따서 SUCCESS라고 합니다.

이러한 요소들은 기억을 정착시키는 데 중요한 역할을 합니다. 내용이 어려우면 머리에 남지 않지만 예상치 못한 내용이라면 잊히지 않습니다. 또 구체적이면 인상에 강하게 남고 신뢰성이 있으면 확실히 머리에 남겠죠. 감정에 호소하면 그것만으로 언제까지나 마음에 남을 테고 이야기로 엮으면 그 이야기 속에 정보가 자리하게 됩니다. 그런 의미에서 아주 훌륭한 법칙이라고 생각합니다.

단, 철학의 관점에서 여기에 하나 더 덧붙이고 싶습니다. 바로 '본질을 더한다Substantial'라는 요소입니다. SUCCESS+S입니다. 거듭 말하듯이 철학이란 사물의 본질을 탐구하는 행위입니다. 그리고 사물의 본질이란 그 사물의 핵심, 가장 중요한 부분입니다. 따라서 그것만 기억해두면 나머지는 얼마든지 살을 붙일 수 있습니다.

나는 시험공부를 하면서 암기를 해야 할 때, 무의식중에 이 방법을 써왔습니다. 덕분에 암기에는 자신이 있는 편입니다. 아니, 그보다 내가 고등학생이던 시절에 문과 계열의 대학입학시험은 암기가 전부인 듯했기에 암기 덕분에 교토대에 갈 수 있었다고 해도 과언이 아닙니다.

그 후 철학을 하게 되면서 내 기억법이 틀리지 않았음을 알게 되었습니다. 본질만 기억해두면 언제까지고 잊지 않는다는 거죠. 어쨌든 가장 중요한 부분이니까요. 역사의 연호도 그러합니다. 단어의 어조에 맞추어 뜻이 다른 글귀를 만드는 언어유희도 효과가 있지만 그래도 전부를 기억할 수는 없습니다.

그럴 때, 그 시대의 가장 중요한 사건만 기억해놓으면 거기서부터 대략 몇 년 후에 일어났는지, 몇 년 전이었는지 얼마든지 추측이 가능합니다. 막부 말기부터 메이지 시대에 걸친 역사라면, 5개조 서문(五箇条の御誓文, 메이지 일왕이 천지신명에게 서약하는 형식으로 공경과 제후 등에게 제시한 메이지 정부의 기본 방침 – 옮긴이)이 나온 메이지 원년 1868년도 기억해놓으면 된다는 말입니다.

② 성과를 올리는 사고기억술

사고기억술은 철학의 이점을 살린 기억술입니다. 사고와 기억은 다른 행위인 양 여기기 쉬운데, 결코 그렇지 않습니다. 사고를 함으로써 기억이 깊어지며 머릿속에 정착되는 것입니다.

기억해두고 싶은 사안일수록 한 번 확실하게 사고를 해두면 좋다는 말입니다. 인상 깊은 내용일수록 기억에 쉬이 남게 마련인 것과 마찬가지입니다. 인상이란 감각적인 것이지만 인위적으로 만들어낼 수도 있습니다. 사고를 함으로써 의도적으로 깊은 인상을 줄 수 있다는 말이죠.

철학을 하면 더 좋습니다. 앞에서 본질만 기억해두면 된다고 말했는데 본질을 생각해본다면 그 사안에 대해 꽤 깊은 인상을 가질 게 틀림없습니다.

하지만 무엇이든 다 철학을 할 시간적 여유는 없을 테니 정말로 중요한 사안에 한해서만 하면 된다고 생각합니다. 정보는 무의미할수록 쉬이 잊힙니다. 하지만 철학을 하면 반드시 의미를 갖게 되므로 기억에 남게 됩니다.

나이가 들면 기억력이 쇠퇴한다고 하는데, 사고력은 얼마든지 높일 수 있습니다. 즉 사고력을 살려서 기억할 수 있으면 기억력은 영원히 쇠퇴하지 않습니다. 때때로 젊은 사람 못지않은 기억력을 가진 분들을 만나는데 그분들은 분명 사고력을 써서 기억하는 것이라고 생각합니다. 젊다고 할 수 없는 나 자신도 이미 이 방법을 100퍼센트 활용하여 성과를 내고 있습니다.

철학식 사고술

■ ▶ ●　　　　철학식 사고술에 관해 말씀드리기 전에 그 전제가 되는 '생각한다'는 의미를 다시 확인해보고 싶습니다. '생각한다'는 행위는 머릿속에 들어온 정보를 정리하고 자신의 것으로 만들기 위해 창조하는 작업입니다. 그리고 사물의 본질을 발견하고 의미를 부여하기 위해 이 작업을 철저하게 반복하는 것이 철학적 사고입니다.

　그러한 철학적 사고에는 다양한 버전이 있습니다. 창조에는 다양한 방법이 있기 때문입니다. 이를 구체적인 사고법으로 공식화하면 어떻게 될까요? 이제부터는 몇 가지 주요했던 사고법의 예시를 들어보려 합니다. 물론 이들 예시 외에도 많은 사고법이 있지만 다른 장에 나오는 사고법과 중복을 피하기 위해 10가지로 좁혔습니다.

단, 변증법과 탈구축 등을 제외하고 대부분의 사고법에는 명칭이 없어 내가 조어로 붙여보았습니다. 그편이 알기 쉽기 때문입니다.

① 투시사고

투시 사고란 철학의 기초적 사고법 중 하나입니다. 보이지 않는 것을 보는 힘이라고 해도 되겠죠. 5장에서 창조력 기르기에 관해 설명할 때 다시 언급하겠지만 이 사고 덕분에 우리는 새로운 것을 낳을 수 있습니다.

먼저 투시 사고의 기본이 된 이데아의 개념에 대해 설명하겠습니다. 이데아란 고대 그리스의 철학자 플라톤이 제창한 개념으로 원래는 사물의 모습이나 형상을 의미하는 말이었습니다. 여기서 형상이란 눈에 보이는 것이 아니라 말하자면 마음의 눈으로 통찰할 수 있는 사람의 진정한 모습, 사물의 원형을 가리킵니다.

우리의 감각으로 파악할 수 있는 사물은 상황에 따라 모습이 바뀝니다. 하지만 이데아는 영원 불변의 존재입니다,

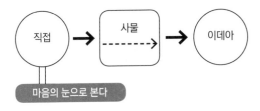

투시사고

직접 → 사물 → 이데아

마음의 눈으로 본다

그런 의미에서 모든 사물은 이데아의 그림자에 불과합니다. 따라서 우리는 그림자의 진정한 모습을 찾아내야 합니다.

　문제는 어떻게 진정한 모습을 보느냐인데, 마음의 눈으로 보아야 합니다. 즉 상상하는 겁니다. 자신이 가진 모든 정보와 지식을 총동원해서 이성과 감성을 최대한 작동시키는 수밖에 없습니다. 눈에 보이는 모습은 그림자라서 진정한 모습을 보려면 우리의 감각기관은 도움이 되지 않습니다. 투시하듯이, 눈에 보이는 것의 배후에 있는 모습을 상상해보세요. 그러면 본질이 떠오를 게 틀림없습니다.

② 대개념 사고

철학의 세계에는 대비되는 개념이 수없이 많습니다. 주관과 객관, 이상과 현실, 하나와 다수, 관념과 실재……. 너무 많아서 일일이 셀 수가 없지만 이러한 개념은 왕왕 어느 한쪽에 치우쳐서 논의되곤 합니다. 주관에 대해서만 논의하거나 이상에 대해서만 논의하거나 말이죠.

하지만 대비가 된다는 것은 양자가 밀접한 관계에 있다는 뜻입니다. 그런 관점에서 생각하면 보이지 않는 사물이 보이게 됩니다. 주관은 자신의 견해이므로 주관으로만 생각해서는 주변을 돌아보지 못합니다. 그래서 객관과 한 세트로 생각하지 않으면 안 됩니다.

가령 이상도 중요하지만 현실을 고려하지 않은 이상은 몽상에 불과합니다. 이는 철학의 개념에 국한된 이야기가 아닙니다. 어떤 개념, 어떤 말에도 반드시 대비되는 개념이 있습니다. 그것을 찾을 수 있느냐 없느냐에 따라 사고의 깊이가 달라집니다.

도식적으로 설명하면, A라는 개념이 있으면 그와 대비되는 개념 B를 먼저 찾습니다. 그 두 개를 한 세트로 묶고 이를

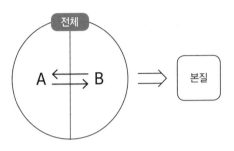

사물의 전체로 간주하고 사고해야 비로소 사물의 본질이 보입니다.

　예를 들어 친절에 대해 논한다면 이와 대비되는 불친절을 한 세트로 생각합니다. 꼭 반대어일 필요는 없습니다. 어디까지나 대비가 되는 말이라고 했으니까요. 지구에 대해 논한다면 우주에 대해 논해도 좋겠지요. 어떤 말을 대치시키느냐도 솜씨를 발휘할 부분이 됩니다. 이것도 절대라는 것은 없으니까요.

③ 매개사고

사물에는 반드시 뭔가 매개하는 것, 연결되는 것이 있다고 생각하는 사고법입니다. 헤겔은 매개라는 개념을 중시했습니다. 모든 존재는 절대적으로 매개되어 있다고 말이죠. 어떤 사물도 그것만으로 존재하지 않고 뭔가 관계성이나 원인이 있다고 본 것입니다.

즉 어떤 사물에도 감추어진 매개가 있습니다. 얼핏 보기에는 알 수 없지만 반드시 뭔가가 있습니다. 그것을 찾으면 사물의 진정한 모습을 명확히 밝혀낼 수 있지 않을까요? 헤

매개 사고

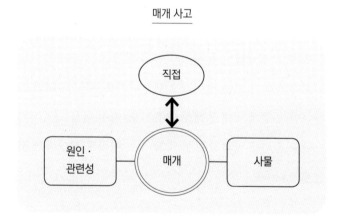

겔에 따르면 매개의 반대는 직접입니다.

예를 들어 누군가 어떤 제안을 했다고 합시다. 이때 제안을 직접적으로 받아들이기보다 그러한 제안이 나온 배경을 찾거나 뒤에 누군가가 있지 않은가 의심해볼 수 있습니다. 사물도 그러합니다. 밍크 코트를 보고 아름답다고 느끼기보다 그 배경에 있는 동물의 생명을 빼앗은 행위를 떠올리는 것, 그것이 매개사고입니다.

④ 변증법 사고

변증법 사고는 아주 중요한 사고법으로, 소크라테스가 살던 고대 그리스 시절부터 존재해왔습니다. 소크라테스는 문답을 주고받는 동안 상대방 주장의 논리적 모순을 폭로하기 위한 도구로 이를 활용했습니다.

근대에 들어서는 헤겔이 이를 더욱 생산적인 사고법으로 발전시켰습니다. 문제가 발생했을 때 그것을 극복하고 한 차원 더 높은 수준에 도달하는 사고 방법으로 재생시킨 것입니다. 이에 따라 양립이 불가능해 보이며 대립하는 두 가지를 어느 쪽도 버리지 않고 더 좋은 해결법을 찾을 수 있게

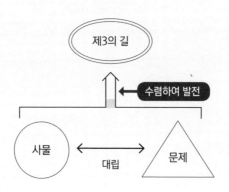

되었습니다. 이른바 제3의 길을 창조하기 위한 방법인 셈입니다.

그래서 범용성이 높습니다. 세상에는 문제가 차고 넘칩니다. 그 문제를 끊어내는 것은 가장 안이한 해결책입니다. 그래서는 문제를 해결할 수 없습니다. 그렇다고 문제를 끌어안은 채로 있을 수도 없습니다. 변증법은 그러한 문제를 발전적으로 바꾸려는 것으로, 문제 해결을 위한 사고법의 왕이라 해도 과언이 아닙니다.

포켓몬 고(Pokémon GO, 스마트폰용 포켓몬스터 게임. 증강현실 기술을 적용해 실제 장소를 배경으로 화면에 등장한 포켓몬스터를 잡을 수 있다 - 옮긴이)도 그 성과라 할 수 있습니다. 게임의 문제는 아이들을 바깥에서 놀게 하지 않는다는 데 있었습니다. 이 문제를 그대로 인정하고 바깥에서 놀 수 있게 창조한 게임이 포켓몬 고라고 할 수 있습니다.

⑤ 프래그머티즘 사고

프래그머티즘pragmatism이란 미국에서 발전한 사상으로 '실용주의'로 번역됩니다. 쉽게 말해 잘되면 그게 옳다는 사상입니다. 너무나도 미국다운 사상이라고 할 수 있습니다.

그중에서도 존 듀이가 제창한 도구주의는 지식을 철저히 도구로 파악합니다. 쓸모없는 지식은 지식이 아니라는 뜻이 되겠지요. 아무리 옳은 지식이라도 그것으로 일이 순조롭게 풀리지 않으면 의미가 없습니다.

이 사고는 성실하고 진지한 일본인에게 가장 부족한 면입니다. 일본의 전통적 사고에 비추어 보면, 절차를 빠짐없이 밟아야 하며 정해진 규칙을 철저히 지켜야 합니다. 정해진 대로 철저히 하면 오히려 일이 잘 안 된다 해도 어쩔 수 없다고 생각할 정도입니다. '매뉴얼 지상주의'라고 해도 과언이 아니죠.

하지만 느닷없이 프래그머티즘 사고를 하자고 외쳐봤자 일본인은 거부감만 느낄 터라 나는 일본의 상식에 부합하는 일본식 프래그머티즘을 제창했습니다. 프래그머티즘을 '긍정적인 타협'으로 보자고 말입니다.

정해진 대로가 아니면 안 된다는 건 너무 융통성 없는 태

프래그머티즘 사고

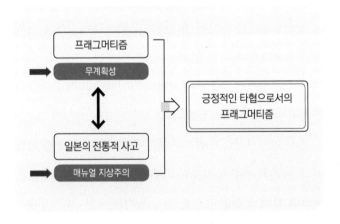

도입니다. 막다른 곳에 몰렸을 때는 원칙을 굽히고 유연한 태도를 취해야 합니다. 그런 태도가 현대의 복잡한 현상을 해결하는 사고로 이상적이지 않을까요?

이런 사고는 악명 높은 일본의 모든 절차에 적용할 수 있습니다. 가령 관공서에는 여러 가지 양식이 있는데 실수로 양식을 잘못 쓰면 처음부터 다시 써야 합니다. 틀린 곳만 다시 써도 된다는 유연한 태도로 변화하지 않는 한 손해가 많을 거라고 생각합니다.

⑥ 역산사고

역산 사고란 글자 그대로 역산하여 생각한다는 것입니다. 결과로부터 역산하여 현재 상황을 파악하거나 사태를 추측하는 것입니다. 이 사고법을 이해하는 데 힌트가 되는 말이 파스칼의 《팡세》에 나옵니다.

> "우리는 절벽을 보지 않으려고 전방에 눈을 가릴 뭔가를 둔 후에 안심하고 절벽으로 달린다."

인생은 위험으로 가득 차 있습니다. 하지만 그렇게 생각하면 한 발자국도 앞으로 나아가지 못하기 때문에는 위험이 없는 체하면서 실제로는 위험을 향해 나아간다는 의미입니다. 파스칼의 이 말은 2가지로 해석할 수 있을 것 같습니다.

첫째는 위험에 움츠리지 않고 살아가기 위한 지혜로 해석할 수 있고, 둘째는 위험한데도 눈을 가리고 돌진하는 인간의 어리석음에 대한 지적으로 해석할 수 있다고 말이죠.

어느 쪽이든 인생의 본질을 꿰뚫어 보는 예리한 말이라고 할 수 있습니다. 인생에는 위험이 따르게 마련입니다. 아니, 위험투성이라고 해도 과언이 아닐 겁니다. 한 발짝만 밖으로 나가면 언제 차에 치일지 모르고 어디서 병원균에 감염될지 모릅니다. 하지만 그 모든 걸 일일이 신경 쓰면서 살 수는 없습니다. 그래서 인간은 "그런 일은 없겠지"라며 오늘도 위험을 향해 나아갑니다.

삶에 도사린 위험을 알면서도 인간은 어떻게 살아갈 수 있는 것인지 도무지 이해하지 못하다가 파스칼의 말을 읽고 충분히 납득했습니다. 파스칼은 과연 철학자구나, 하고 감탄했던 기억이 납니다.

그러면 어떻게 파스칼은 이런 발상을 할 수 있었을까요?

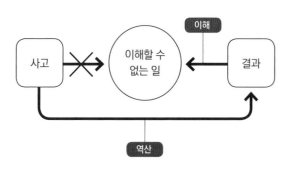

역산사고

그 이유는 역산하여 사고했기 때문입니다.

바로 앞에 위험이 있다는 걸 알면서도 나아갈 수 있는 이유는 위험이 보이지 않는 상태일 게 틀림없다, 위험을 뭔가로 가리고 있기 때문이라고 결론내린 것이겠죠. 이러한 역산 사고를 터득하면 이해할 수 없는 현상을 설명할 수 있습니다.

⑦ 비유사고

비유 사고란 비유를 활용함으로써 본질을 파헤치는 사고

법입니다. 예를 들어《쇼펜하우어 인생론》에서 쇼펜하우어는 "부는 바닷물과 같아서 마시면 마실수록 목이 마르다"라고 했는데요. 이러한 비유를 통해 쇼펜하우어는 인간의 욕망은 끝이 없으며 이 사실을 깨닫지 못하면 행복해질 수 없다고 말하려 한 것이죠. 확실히 우리는 뭔가를 손에 넣으면 다시 다른 것이 갖고 싶어집니다. 돈 역시 가지면 가질수록 더 갖고 싶어집니다.

하지만 그래서는 영원히 만족할 수 없습니다. 또 자신보다 많이 가진 사람을 부러워하며 늘 불행한 채 살아야 합니다. 어느 정도 가졌으면 그걸로 만족해야 행복해지는데도 말입니다.

당연한 이치지만, 누가 설득력 있게 말해주지 않으면 깨닫지 못합니다. 그래서 쇼펜하우어가 부를 바닷물에 비유한 것입니다. 목이 마르다고 바닷물을 마셔봤자 소금물이기에 갈증만 심해집니다. 결국 갈증은 해소되지 않고 점점 더 괴로워집니다.

이 이미지가 떠오르면 자신의 어리석음을 깨닫게 됩니다. 쇼펜하우어가 이런 발상을 할 수 있었던 건 설득력이 있

비유 사고

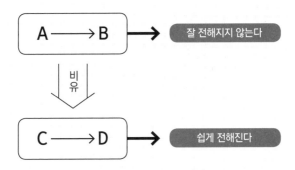

으면서 쉽게 연상되는 비유를 찾으려고 애썼기 때문이겠죠.
이것이 비유를 잘하는 요령입니다.

"A는 B다"라고 아무리 설명해도 이해하기 어려울 때는 A
와 유사한 C, B와 유사한 D를 예로 들며 "C는 D다"라고 비
유를 드는 편이 좋습니다.

⑧ 비인간 중심사고

비인간 중심 사고란 인간 중심으로 사물을 생각하지 않는

사고입니다. 우리는 아무래도 인간중심주의에 빠지기 쉽습니다. 하지만 그래서는 본질을 착각하는 수가 있습니다. 최신 철학에서는 비인간 중심의 사고를 중시하는 경향이 있습니다. 사변적 실재론이 그러합니다. 그 기수라고도 할 수 있는 퀑탱 메이야수는《유한성 이후》에서 다음과 같이 말했습니다.

감각적인 것은 관계이며 사물에 내재한 고유의 성질이 아니라는 사실만이 여기서 우리에게 중요할 것이다.

감각이란 관계이지 사물의 성질이 아니라는 의미입니다. 다시 말하면 사물에 느끼는 우리의 감각은 어디까지나 인간 측의 사정으로 생겨난 것이지 그 사물 자체의 성질이 아니라는 겁니다.

메이야수의 지적대로 우리는 무심코 자신의 감각을 사물의 성질인 양 굳게 믿고 있습니다. 손이 닿아 뜨겁다고 느끼면 촛불은 뜨겁다고 믿어 의심치 않습니다. 그러나 촛불 자체가 뜨거운 게 아니라 그렇게 느끼는 것에 불과합니다. 만

비인간 중심 사고

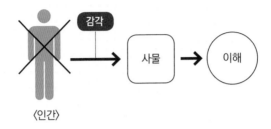

약 어떤 이유로 피부에 감각이 없는 사람은 촛불이 뜨겁다고 말해도 믿지 않겠죠. 혹은 벌겋게 달궈진 쇠 막대를 만지면 촛불이 뜨겁게 느껴지지 않을 테니, 더는 촛불이 뜨겁다고 말할 수 없을 겁니다.

메이야수가 이런 발상을 할 수 있었던 이유는 사물을 인간의 관점이 아닌 다른 관점에서 바라보았기 때문이 아닐까요? 이처럼 사물의 존재를 인간 중심으로 생각하지 않는 사상은 이제 철학 사고의 새로운 조류가 되고 있습니다. 이는 분명 비인간 중심 사고를 할 때만 보이는 사물의 본질이 있기 때문이라고 생각합니다.

⑨ 낙선주목사고

여기서 '낙선'이란 선발되지 않은 것을 의미합니다. 뭔가를 논한다는 말은 그 배후에 논하지 않은 것들이 많다는 뜻이기도 합니다. 만약 빈곤에 관해 생각해보게 되었다고 합시다. 그 경우, 왜 빈곤 외에는 논하지 않는지 생각해보는 것입니다. 왜 다른 것은 낙선했을까요? 그러면 빈곤이 선택된 배경이 쉬이 떠오릅니다. 경우에 따라서는 보이지 않는 힘이 작용하겠죠. 그 힘을 찾으면 사물의 본질이 보입니다. 흔히 내막이 있다고 표현하지 않습니까? 비유하자면 A라는 집합이 아니라 그 공집합에 주목하는 겁니다.

현실에서 이 문제는 온갖 선고에 영향을 미칩니다. 선택에는 의도가 있는 것이 당연하고, 표면적으로 선고라고 할 수 없어도 결국 인간이 선택했으니 선고입니다. 세계의 종교 중에서 기독교가 가장 지배력이 강한 이유도 선택의 결과일 것입니다. 전쟁이 끊이지 않는 이유도 선택의 결과입니다.

그러면 왜 다른 종교가 아닌 기독교인지, 왜 다른 무엇도 아닌 전쟁인지, 여태까지 거기에 의문을 가졌던 사람이 얼

낙선 주목 사고

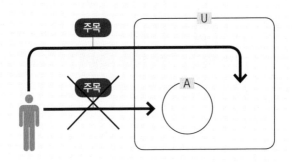

마나 있을까요? 어쩌면 누구나 이런 사고를 하게 되면 세상의 사물에 순위를 매기는 방법이 몰라보게 변할지도 모릅니다. 낙선한 선택지 중에 무언가가 부활할 가능성이 있다는 말입니다.

⑩ 보조선사고

보조선이란 기하학 문제를 풀 때, 얼핏 보기에 관계없어 보이는 곳에 그어 문제를 해결해주는 선을 가리킵니다. 현실 사회의 문제도 이와 같은 방식을 적용해볼 수 있다고 생각합니다.

보조선을 사고에 응용하는 의의에 관해 많은 사람이 말하고 있습니다. 예를 들면 뇌과학자 모기 겐이치로의《사고의 보조선》도 그중 하나입니다. 책에는 이렇게 쓰여 있습니다.

문제의 총량은 줄지 않더라도 보는 눈이 달라질 수 있다. 기하학 문제의 경우, 보조선을 하나 긋기만 해도 해

보조선 사고

답의 길이 보이듯 '사고의 보조선'을 긋기만 해도 우리는 지금까지와는 조금 다른 태도로 세상의 수수께끼에 마주할 수 있다.

《팡세》에 나오는 파스칼의 유명한 말 "인간은 생각하는 갈대다"라는 표현도 어떤 의미에서는 보조선 사고라고 생각할 수 있습니다. 왜냐하면 갈대처럼 약한 존재인 인간이 이 세계의 왕자로서 군림할 수 있는 이유를 보조선으로 잘 설명할 수 있기 때문입니다. 즉 '생각하는' 행위에 주목해 보조선을 그음으로써 납득이 가는 설명을 할 수 있습니다.

공부에 필요한 3가지 원칙

- 목적을 명확히 하고, 전략을 세우고, 정보를 습득한다.

철학식 독서법

① 아웃풋 독서술

→ 아웃풋을 주목적으로 하는 독서를 한다.

② 정독과 속독

→ 정독과 속독을 확실히 구분한다.

③ 사고의 탐구로서의 독서

→ 어디를 읽고 어디를 읽지 않을지 결정한다.

④ 책을 고르는 방법

→ 초급 · 중급 · 상급 각 2권씩 읽는다.

철학식 정보수집법

① 색다른 것의 사냥꾼이 된다.

→ 늘 이상한 것을 찾으려고 한다.

② 앞에서가 아니라 뒤로

→ 인터넷에 너무 의존하지 말고 고전을 읽는다.

③ 24×3법

→ 일, 공부, 정보 수집을 동시에 하여 24시간을 3배로 쓴다.

철학식 정보정리술

① 카테고리로 정리

→ 자기 나름대로 알기 쉽고 쓰기 쉽게 정보를 분류한다.

② 머릿속에 정리

→ 머릿속으로 정리 선반을 상상한다.

③ 하지만 간단정리술

→ A4 종이와 스마트폰으로만 정리한다.

철학식 기억술

① SUCCESS+S

→ 사물의 본질만 기억한다.

② 사고기억술

→ 사고하여 기억을 정착시킨다.

철학식 사고술

① 투시 사고

→ 마음의 눈으로 보이지 않는 것을 본다.

② 대비개념 사고

→ 대비되는 개념을 찾은 후 둘을 한 세트로 묶어서 전체를 본다.

③ 매개 사고

→ 현상과 원인을 연결하는 숨은 매개를 찾는다.

④ 변증법 사고

→ 문제를 끊어내지 않고 발전시켜서 더 나은 해결법을 찾는다.

⑤ 프래그머티즘 사고

→ 긍정적인 타협점을 찾는다.

⑥ 역산 사고

→ 결과에서 역산하여 현재상황을 파악하거나 사태를 추측한다.

⑦ 비유 사고

→ 비유를 통해 본질을 파헤친다.

⑧ 비인간 중심 사고

　→ 사물을 인간중심으로 생각하지 않는다.

⑨ 낙선 주목 사고

　→ 왜 그 외의 선택을 하지 않았는지 생각해본다.

⑩ 보조선 사고

　→ 얼핏 관계가 없어 보이는 사안을 결부지어 생각해봄으로써 견해
　　를 바꾼다.

chapter 4

똑똑한 사람의
읽고 쓰고 말하는 법

철학식 문장력

■ ▶ ● 　드디어 지적 생산술에 대해 말씀드리겠습니다. 아웃풋을 하는 방법에 대한 소개입니다. 일단은 글쓰기부터 하겠습니다. 말하기도 중요하지만 역시 기본은 문장입니다. 구두로 전달하면 글로 써달라는 요청을 받곤 합니다. 그래야 찬찬히 검토할 수 있고 증거로도 남으니까요.

정말로 전하고 싶은 내용이 있다면 우리는 정확히 표현하고자 하고, 그러기 위해서는 퇴고를 거듭하며 문장으로 표현하는 편이 좋습니다. 일단은 문장을 구성하는 '언어'의 의의부터 살펴보겠습니다.

① 문장이란 무엇인가

문장은 당연히 언어로 표현하는 것입니다. 그런데 언어란 애매한 것이라서 아무리 잘 알아듣게 말해도, 좀처럼 사물의 정확한 모습을 표현하지 못합니다. 예를 들어 '사랑한다'고 할 때 말이라면 소리의 강약이나 목소리 톤으로 의미를 짐작할 수 있지만, 글은 쓰여 있는 문장만 보고 판단해야 하기 때문입니다.

게다가 언어는 심플한 만큼 수많은 의미를 담고 있습니다. 언어의 역사만큼, 또 쓰는 사람의 수만큼, 상황의 수만큼 의미가 있습니다. 어떤 말을 쓸 때마다 그 말은 새로운 의미를 갖기 때문입니다. 그리고 그것은 문맥에 달려 있습니다. 앞에서 철학이란 세계의 유의미화라고 했습니다. 유의미화는 언어에 의해 이루어집니다. 철학이 언어로 실현되는 행위인 이상, 그 언어가 새로운 의미를 갖게 되면 철학한 결과역시 새로운 의미를 갖게 됩니다.

언어는 사물의 의미를 정확히 전달하지 못하지만 철학이라는 행위에 편입됨으로써 무한한 의미를 가질 수 있습니다. 그로 인해 사물의 정확한 의미도 표현할 수 있게 되는 겁니다.

이를 문장으로 어떻게 표현할 수 있을까요? 먼저 단어 하나하나의 의미를 생각해서 씁니다. 독창적인 의미를 담아도 좋겠죠. 곰곰이 생각한 결과 '사랑한다'는 말에 '무시한다'는 의미를 담았다고 칩시다. 사랑해서는 안 되는 사람을 사랑하면 그를 힘들게 할 수 있으니 무시하는 것이 그를 가장 사랑하는 방법일 수도 있으니까요.

그다음엔 자신이 의도한 의미가 잘 전달되도록 문맥을 철저히 고려해 생각합니다. 의미는 문맥에 의해 달라지니까요. 자, 이제 깊은 의미가 있는 문장이 탄생했습니다. 이것이 철학식 문장술의 핵심입니다.

이제부터는 사람을 끌어당기는 글을 쓰기 위한 테크닉을 두 가지 소개하려고 합니다. 문장력은 얼마든지 기를 수 있습니다. 그러기 위해서는 ① 의식적으로 모방하고 ② 장치하는 훈련을 해야 합니다. 둘 다 내가 평소에 실천하는 방법입니다.

② 의식적으로 모방하기

여러분이 지금 쓰고 있는 글은 누구에게 어떻게 배웠습니까? 태어나자마자 글을 쓸 수 있는 사람은 없습니다. 의식적으로 누군가를 흉내 냈거나 부지불식간에 모방했을 수도 있습니다. 대개는 후자겠죠. 일본의 경우 학교에서는 글쓰기를 제대로 가르쳐주지 않으므로 다들 책을 통해 자연스럽게 배우게 됩니다.

좋아하는 작가의 문체를 닮는 건 당연합니다. 노래도 그렇죠. 자연히 좋아하는 가수의 노래를 따라 부르게 됩니다. 운동하는 사람은 좋아하는 선수의 스타일을 닮지 않나요? 글도 마찬가지입니다.

단, 의식하고 모방하는 것과 그렇지 않은 것에는 큰 차이가 있습니다. 게다가 책을 잘 읽지 않는다거나 특별히 좋아하는 작가가 없다면 자연스럽게 배우기가 힘듭니다. 그래서 나는 남의 글을 의식적으로 모방하는 방법을 추천합니다. 접속사 활용법이나 문장 말미의 표현만 따라 해도 꽤 달라지니까요.

내 글이 철학자가 쓴 글치고는 쉽다고 하는데, 나는 비즈니스서처럼 읽히기 쉬운 글을 흉내 내서 쓰기 때문입니다. 베스트셀러 작가에게는 나름의 비결이 있을 겁니다. 그런 글을 모방하면 사람들을 끌어당기는 매력적인 글을 쓸 수 있습니다.

③ 두근두근 장치하기

평범하고 단조로운 문장이 사람을 끌어당기지 않는 이유는 여러분도 잘 알 겁니다. 독자가 페이지를 넘기는 이유는 흥분이 있기 때문입니다. 여러분도 책의 첫 부분만 읽고는 덮어두고 방치해둔 경험이 있지 않나요? 누구나 처음에는 무엇이 쓰여 있을지 기대하고 흥분하기 때문입니다.

아무 장치도 없는 문장은 재미가 없습니다. 너무 단조로워서 사고 탐험을 할 맛이 나지 않습니다. 조마조마하고 두근두근 하는 일이 있어야 탐험하는 재미가 나겠죠. 글을 작성할 때도 그런 장치를 만들지 않으면 안 됩니다.

내용은 이야기가 점점 전개되는 것이 좋고, 테크닉은 기대를 갖게 하는 표현을 때때로 사용하는 겁니다. 텔레비전의 예능 프로그램을 보면 참고가 될 텐데요. 채널을 바꾸지 못하게 꽤 궁리하기 때문입니다. 예를 들어 "그때, 엄청난 일이 벌어졌습니다"라고 하면 누구나 주목합니다. 하지만 "사건이 일어났습니다"라고 해버리면 흥이 깨집니다.

접속사와 부사 하나를 쓰는 것도 그러합니다. '그런데'나 '그런데도'와 같은 표현은 뭔가를 예감케 하며, '실은'이라는 표현도 독자가 미처 알지 못하는 뭔가가 있다고 생각케 하는 데 효과적입니다. 꼭 한번 시도해보세요.

내가 한 달에 책 한 권 분량의 글을 쓸 수 있는 것도 이와 관계가 있습니다. 깜짝 파티를 열 때의 흥분과 비슷합니다. 이 글을 읽으면 틀림없이 독자는 놀랄 거야, 라고 생각하면서 쓰면 자연히 펜이 움직입니다.

그래서 나는 그렇게 느낀 곳에서부터 쓰려고 합니다. 처음부터 차근차근 쓰려고 해봤자 순서대로 되지 않으니까요. 어느 곳에서도 이런 장치를 할 수 있으므로 결국은 어느 부분이나 신나게 쓸 수 있다는 말이죠. 그리고 정신을 차려보면 책 한 권이 완성되어 있습니다. 눈 깜짝할 사이에 말이죠.

철학식 프레젠테이션 능력

■ ▶ ●　　　철학식 프레젠테이션이란 사고의 탐험에 관해 사람들에게 들려주는 것이라고 할 수 있습니다. 무엇을 발표하든 거기에는 반드시 사고의 과정이 있을 테니까요.

그런 의미에서 철학식 프레젠테이션은 탐험이 얼마나 설레는지, 얼마나 멋진지를 전할 수 있어야 합니다. 필요한 요소는 설렘, 열정, 그리고 공감입니다. 단, 억지 공감을 강요해서는 안 됩니다. 그러면 도리어 공감을 얻기가 힘들기 때문입니다. 각각 구체적으로 설명드리겠습니다.

① 허풍을 떨어서 설렘을 유발한다

다른 사람의 이야기를 듣고 싶다고 생각할 때는 언제인

가요? 나는 설렘을 느꼈을 때라고 대답할 겁니다. 인간의 원동력은 자극입니다. 자극을 받았다는 건 식사를 대접받거나 에너지를 받은 것과 다름없으니 감사해야 합니다.

어떤 이야기에 설레느냐는 사람마다 다르겠지만 꿈이 있는 이야기에는 누구나 설레게 마련입니다. 따라서 꿈을 말하듯이 하지 않으면 안 됩니다. 허풍을 떨 수 있을 만큼 떠는 겁니다.

그러기 위해서는 내용의 장대함은 물론이고, "오늘 처음으로 이 이야기를 합니다"라거나 "여기서만 하는 이야기입니다"와 같은 표현을 써서 기대감을 높이는 것도 방법입니다. 그러면 청중도 이야기에 귀를 쫑긋 기울일 테고, 같은 이야기를 해줘도 횡재한 느낌을 받게 됩니다.

허풍을 떤다고 하면 과대 광고와 같은 나쁜 인상을 가질 수도 있는데 결코 그렇지 않습니다. 과대 광고란 광고와 상품이 맞지 않는 경우를 말합니다. 그런데 프레젠테이션의 경우, 설렘을 느끼게 하는 것이 목적이라 이미 목적을 완수한 것이나 다름없으니까요.

프레젠테이션에서는 듣게 하지 않으면 안 됩니다. 일어나서 나가는 사람이야 없겠지만 그 자리에 있어도 듣지 않으면 의미가 없습니다. 수업도 마찬가지입니다. 그 자리에 있어도 딴짓을 하거나 딴생각을 하는 사람, 자는 사람이 있습니다. 이는 학생의 잘못이지만 동시에 말하는 사람에게도 책임이 있다고 생각합니다.

프레젠테이션에서 한 말이 실제로 사회에서 어떤 평가를 받느냐는 별개의 문제입니다. 물론 거짓말을 하면 책임을 져야 하고 신용도 잃겠죠. 하지만 그게 아니라면 당당히 허풍을 떨면 됩니다. 꿈의 허풍을.

② 박수가 터져 나오는 열정

프레젠테이션을 하면 마지막에 박수가 터져 나옵니다. 형식적인 박수죠. 최악은 사회자가 박수를 치라고 채근하는 경우입니다. 하지만 뜨거운 프레젠테이션은 마지막이 아니라 도중에 박수가 터집니다. 선동하는 연설이 그 전형인데요. 시위 현장에서는 연설의 고비마다 청중이 박수갈채를 보냅니다. 말하는 사람도 듣는 사람도 가슴이 뜨거워지기 때문입니다.

보통 프레젠테이션을 할 때는 그렇게 하지 않지만 열정적인 분위기를 만들어내는 건 가능합니다. 먼저 화자 자신이 뜨거워집니다. 그러면 청중도 뜨거워집니다. 열기는 전해지니까요. 단, 연기를 하면 전해지지 않으니 진심으로 뜨거워져야 합니다. 그러기 위해서는 뜨거워질 수 있도록 자신을 설득하지 않으면 안 됩니다.

예를 들어 사회를 바꿔야 한다고 호소하려면 그 이유가 무엇인지, 자신도 정말로 그렇게 생각할 수 있도록 고찰해볼 필요가 있습니다. 즉 한 번 철학을 하고 나서 말하는 것입니다.

영업사원 시절을 돌아보면 나 자신이 진심으로 좋아하는 제품이 아니면 아무리 열심히 해도 팔리지 않았습니다. 지금도 대학에서 학부를 홍보하고 있는데, 그 점만은 절대로 잊지 않으려 합니다. 그래야 기분을 고양시킬 수 있는 문구와 극적인 분위기를 만들어낼 수 있습니다.

그렇게 하면 홍보를 위해 프레젠테이션을 할 때 순간 순간 박수가 터져 나옵니다. 박수가 몇 번이나 터져 나오면 객관적으로 좋은 프레젠테이션이라고 봅니다. 마지막에도 큰 박수가 필요하므로 감정에 호소하며 결론을 맺습니다. 끝이 좋으면 다 좋으니까요. 다소 실패해도 마지막에 큰 박수가 터져 나오면 다들 성공했다고 생각합니다.

③ 억지 공감을 끌어내지 않는다

프레젠테이션할 때 의식하지 않으면 안 되는 것은 청중의 다양성입니다. 청중은 각자 다른 경험과 가치관을 갖고 있습니다. 그래서 판단도 각자 다르다는 점을 인지해야 합니다. 이 점을 전제로 프레젠테이션을 하지 않으면 독선에 빠지게 됩니다. 그렇다면 어떻게 해야 할까요? 청중 한 사람 한 사람을 개별적으로 상대할 수는 없습니다. 그래서는 프레젠테이션이 되지 않으니까요. 중요한 것은 억지 공감을 강요하지 않는 겁니다. 예를 들어 "그렇죠?"라고 공감을 구하면 반드시 반발하는 사람이 몇 명인가는 나옵니다. 그리고 인간이란 그런 순간이 한 번이라도 있으면 '저 사람은 다른 사람에게 자기 의견을 강요한다'라는 인상을 갖게 됩니다. 한 번의 프레젠테이션에서 그런 인상을 수차례 주면 아마 많은 사람이 부정적인 평가를 내리게 될 겁니다.

시인 에두아르 글리상의 《관계의 시학》에는 '공여共輿'라는 말이 나옵니다. 서로 주고받는 가운데 이해한다는 뜻으로 프레젠테이션에 꼭 필요한 태도입니다. 경험담이 사람을 끌어당기는 이유가 공여에 있지 않을까 싶습니다. 사람들이 모두 똑같은 경험을 하지는 않겠지만 인간으로서 겹치는 부분이 있게 마련이니까요. 다시 말하지만 공감을 강요해서는 안 됩니다. 다른 시각을 제시하고 상대가 그것을 알고자 하게 만드는 것, 그거면 됩니다.

마지막으로 테크닉에 대해 한마디만 하겠습니다. 강약을 조절하거나 사이를 효과적으로 활용하는 등 프레젠테이션에도 테크닉이 많은데, 이를 한 번에 배울 수 있는 동영상 강연이 있습니다. 바로 코미디언 윌 스티븐의 〈머리가 좋아지는 TED 프레젠테이션을 하는 방법〉입니다. 인터넷에서 꼭 검색해보세요. TED는 현재 프레젠테이션의 세계적 모범이 되고 있습니다. 전 세계의 저명한 인사들과 성공한 사람들이 비슷한 스타일로 프레젠테이션을 하고 있는데, 이는 TED 측에서 지도하기 때문입니다. 스티브 잡스처럼 청중에게 말

161

을 거는 스타일의 생동감 넘치는 프레젠테이션이죠.

월 스티븐은 TED의 전형적인 프레젠테이션을 희화화하여 패러디를 선보였습니다. 별 내용 없이 형식만 본따서 마치 의미가 있는 프레젠테이션처럼 그럴싸하게 꾸민 것입니다. 여기서 배울 점은 그러한 테크닉이 보편적인 것이라 내용에 관계없이 효과를 발휘한다는 것입니다. 내가 가장 웃은 곳은 그가 렌즈 없는 안경을 쓰고 똑똑한 척 꾸민 부분입니다. 소도구도 프레젠테이션의 일부니까요.

프레젠테이션의 의의는 사람들 앞에서 한다는 데 있습니다. 그렇다면 사람들에게 '보이는' 요소를 경시해서는 안 됩되겠죠.

철학식 대화력

■▶●   철학은 자신의 머리로 하는 겁니다. 그렇다고 반드시 혼자 한다는 의미는 아닙니다. 오히려 철학은 대화에서 시작되었죠. 철학의 아버지라 불리는 소크라테스가 대화로 철학을 시작했으니까요.

스스로 생각하되, 대화라는 형식을 이용합니다. 말하자면 대화 상대를 이용하는 겁니다. 즉 대화 상대가 가진 생각을 이용한다는 말이죠. 인간은 다른 생각을 접함으로써 자신의 생각을 발전시킬 수 있으니까요. 서로 질문을 함으로써 서로에게 생각할 기회를 주는 대화는 쌍방에 이점이 있습니다.

이쯤에서 철학 대화의 원조라 할 수 있는 소크라테스의 대화를 살짝 살펴보겠습니다. 《크리톤》의 유명한 한 구절입니다. 소크라테스와 친구 크리톤이 얼마나 살아야 하는가에 대해 대화를 나누고 있습니다.

소크라테스 : 몸이 망가져서 성치 못해도 과연 사는 보람이 있을까?

크리톤 : 없을 테지.

소크라테스 : 그렇다면 불의에 의해 해를 입고 정의에 의해 힘을 얻은 그 몸이 소멸되어도 사는 보람이 있을 까? 아니면 우리는 그것이 우리 안의 어떤 부분에 속하느냐는 별개로 정의와 불의와 관계가 깊은 그 것이 몸보다도 열등하다고 보는가?

크리톤 : 결코 그렇지 않아.

소크라테스 : 아니면 귀하다고 보는가?

크리톤 : 훨씬 더 귀하지.

소크라테스 : 사랑하는 벗이여. 우리는 대중이 우리에게 뭐 라고 하든 개의치 말고 그저 정의와 불의의 전문 가, 오직 그 사람과 진리 자체가 하는 말을 고려하 지 않으면 안 되네. 그렇다면 먼저 정의와 미와 선

과 그 반대되는 것에 관해 우리는 대중의 의견을 고려하지 않으면 안 된다는 자네의 주장은 옳지 않아. 물론 대중은 역시 우리를 죽일 수 있다고 항의하는 사람도 있을지 모르지.

크리톤: 그 말도 물론 맞아, 소크라테스. 분명히 그렇게 항의하는 자도 있겠지.

소크라테스: 자네가 하는 말은 그럴싸해. 하지만 친애하는 벗이여, 우리가 방금 했던 주장은 종전과 마찬가지로 타당하다고 생각돼. 그러면 다음 일도 생각해보게. 가장 중요한 것은 단순히 사는 것 자체가 아니라 선하게 사는 것이라는 우리의 주장이 지금도 변함이 없는지를.

크리톤: 물론 변함이 없네.

소크라테스는 크리톤에게 어떻게 사는 게 옳은지를 깨우쳐주기 위해 질문을 던지는 것처럼 보입니다. 실제로 그렇게 해석되는 부분입니다. 그리고 소크라테스는 그 유명한 말, 그냥 사는 것이 아니라 선하게 살아야 한다는 주장을 펼

칩니다.

하지만 자세히 들여다보면 소크라테스도 크리톤과의 대화를 통해 자신의 생각을 확인하는 것처럼 읽히기도 합니다. 특히 대중은 옳지 않다고 말하면서도 대중에게 자신을 죽일 힘이 있다는 의견에 대해서는 일단 생각에 잠기는 모습을 엿볼 수 있습니다. 그래서 "자네가 하는 말은 그럴싸해"라고 받아들인 후, 자신의 주장을 펼치는 것입니다.

소크라테스는 대화를 나누면서 생각을 발전시켰을 게 틀림없습니다. 그래서 플라톤이 소크라테스의 말을 남긴 《대화편》은 어느 것이나 박진감이 느껴지고 대화를 하는 모습이 생생하게 전달됩니다.

물론 소크라테스도 자신의 생각을 갖추고 있었겠지만 상대의 반응에 따라 폐기하거나 변경하지 않으면 안 됩니다. 일방적으로 상대를 설득하는 것과는 달리 열린 대화란 그런 것이고, 갈등이 전해져서 재미있습니다.

나는 평생의 과업으로 근 10년간 정기적으로 철학 카페를 열고 있습니다. 내 철학 카페에서는 아무 계획 없이 그 자리에 모인 시민들과 함께 하나의 주제에 대해 시간을 들여 생각을 나눕니다. 대부분 철학 지식도 없고 토론 연습을 하지도 않습니다. 평범한 직장인과 주부, 고령자, 고등학생과 대학생 등 다양한 사람들이 대화를 하다 보니 모임을 중재하려면 여간 힘든 게 아닙니다. 하지만 라이브 무대여서 그래서 더 재미있기도 합니다.

나도 주제에 관한 질문과 대답을 몇 가지 준비해서 가지만 절반은 쓰지 못하죠. 그래도 괜찮다고 생각합니다. 짜여진 계획대로만 하면 실패하니까요. 나도 그 순간 생각을 해야 비로소 성공할 수 있습니다.

철학식 질문력

■ ▶ ●　　　앞장에도 썼지만 질문은 철학의 가장 큰 수단
이자 근간입니다. 사물의 본질을 폭로하려면 모든 수단을
동원해 질문하지 않으면 안 되기 때문입니다. 이 경우 다른
사람에게 질문하는 것뿐 아니라 자신에게 질문하는 것도 포
함됩니다.

다른 사람에게 질문을 하든 자기 자신에게 질문을 하든
이상한 질문이 필요합니다. 뻔한 질문을 해봤자 당연한 답
밖에 나오지 않으니까요. 이렇게 해서 철학의 세계에는 이
상한 질문이 난무하게 되죠. 그래서 이번에는 질문력에 대
해 설명드리고자 합니다. 말하자면 철학적 질문력인데, 이
것만 마스터하면 본질적인 답을 얻을 수 있게 될 겁니다.

가령 "왜 세계는 존재하지 않는가?"라고 질문할 수 있습니다. 아마 독자 여러분은 지금 매우 의아할 겁니다. 세계가 존재하지 않는다니, 그런 말도 안 되는 소리가 있을까요? 세계는 지금 존재하고 있는 게 아닌가요?

그래서 이 질문이 이상한 것입니다. 그런데 무려 이 질문을 제목으로 한 책이 독일에서는 베스트셀러가 되었고, 전세계에 화제가 되었습니다. 아쉽게도 일본에서는 학계에서만 화제가 되었지만 말이죠. 바로 독일의 젊은 천재라 불리는 신진기예의 철학자 마르쿠스 가브리엘이 쓴 책의 제목입니다.

원래는 2009년에 본대학교 신년 기념 강연 내용을 책으로 엮은 것입니다. 가브리엘이 슬라보예 지젝과 공동 집필한 《신화, 광기 그리고 웃음 : 독일 관념론의 주체성》에 번역된 강연록이 실려 있으니(한국에 나온 책에는 실려 있지 않다 - 옮긴이) 그 책을 바탕으로 소개하려고 합니다. 가브리엘은 다음과 같이 공언했습니다.

세계는 다른 것에 견주어 규정되지 않는다. 그로 인해

드러낼 수도 없다. 극단적으로 말하면 세계는 대상이 아니다. 그래서 세계가 존재한다고 말할 수 없다. 세계는 존재하지 않는다. 아니면 세계는 세계 안에서는 드러나지 않는다.

우리는 사물이 이 세상에 드러난 상태를 세계라 부르는 것뿐이며, 세계라는 그릇이 있는 게 아니라는 말입니다. 세계란 드러난 사물을 가리키므로 그것이 사물이라고 인정하는 한, 세계 자체가 아니게 됩니다. 반대로 사물이 없으면 세계도 나타나지 않습니다. 그래서 세계는 존재하지 않는 것입니다.

이 같은 가브리엘의 고찰에 따라 완전히 새로운 관점에서 사물의 존재와 세계의 본질이 논의되었습니다. 그것을 가능케 한 것은 '세계는 왜 존재하지 않는가?'라는 이상한 질문 덕이었습니다.

철학 역사상 이상한 질문은 과거부터 늘 있었습니다. 근세 철학의 창시자로 일컬어지는 데카르트의 《정념론》을 보면 그는 정념, 즉 감정의 본질을 밝히기 위해 여러 가지 색다른 질문을 합니다. 두세 가지만 소개하죠. "웃음이 가장 큰 기쁨을 동반하지 않는 이유는 무엇인가?" 듣고 보니 그런 기분도 듭니다. 하지만 생각해보면 이상한 질문입니다. 보통은 그런 생각을 하지 않으니까요. 이에 대해 데카르트는 "큰 기쁨에 관해 말하자면, 폐에는 늘 혈액에서 차 있어서 그 이상으로 팽창된 적이 없는 상태를 말한다"라고 대답했습니다. 맞는지 틀리는지와는 별개로 신체의 메커니즘에 바탕해 고찰을 시도한 것입니다. 적어도 이러한 질문을 함으로써 웃음의 본질에 한 발자국 더 다가설 수 있지 않을까요?

이런 질문은 어떨까요? "분노로 붉어지는 사람들이 분노로 파래지는 사람들보다 두려움이 없는 이유는 무엇인가?" 여러분은 어떻게 대답하겠습니까? 데카르트가 했던 대답 중 하나는 이러합니다. "처음에 차가울수록 더욱 뜨거워진다. 한기로 시작된 열병이 점점 더 심해지듯이." 과연 그렇군요. 이렇게 해서 분노라는 감정의 본질에 더욱 다가갔습니다.

요는, 어떤 대답이 돌아오든 이상한 질문이야말로 새로운 문을 열어준다는 점입니다. 이것이 철학식 질문력의 진수입니다. 따라서 공부에 관해서든 일에 관해서든 질문할 때는 다음의 룰을 지키도록 합시다.

먼저 빤한 질문은 그만둡니다. 처음에 머리에 떠오른 질문을 버리는 겁니다. 머리에 처음 떠오른 질문은 대개 소박하고 빤합니다. 여러분이 신문 기자라고 치고, 스캔들이 폭로된 정치인에게 질문을 한다면 처음에 떠오르는 질문은 "왜 이런 짓을 했습니까?"일 겁니다. 이런 질문은 다른 사람에게 맡겨두면 됩니다. 누군가 반드시 물을 테니까요.

나라면 이렇게 물었을 겁니다. "잘 지내요?" 안토니오 이노키(일본의 전 프로레슬러. "잘 지내요?"라고 인사하는 것으로 유명하다. 특유의 목소리를 살려 성대 모사를 하는 사람도 많다 - 옮긴이) 처럼 보이겠지만, 이것은 아주 중요한 질문입니다. 만약 잘 지낸다고 대답하면 이상한 사람이거나 반성을 하지 않는다는 증거입니다. 반대로 잘 못 지낸다고 대답하면 반성하며 괴로워하고 있다고 추측할 수 있습니다. 이상하지만 의미가 있는 질문입니다.

두 번째, 이 사람이 아니라 다른 누군가가 대답할 수 있는 질문을 하는 겁니다. 이 사람이 아니라면 편하게 대답할 수 있는 질문, 하지만 당사자에게는 불편한 질문이죠. 그런 의미에서 이상한 질문이란 다시 말해 관점을 바꾼 질문입니다. "잘 지내요?"는 스캔들이 폭로된 정치인이 아니라 교사가 학생에게 물으면 좋은 질문이겠죠. 하지만 그래서 본질을 밝혀낼 가능성이 생기는 겁니다.

세 번째이자 마지막 법칙은 할 수 있는 한 많이 묻는 것입니다. 질문이 하나밖에 생각나지 않는다고 하나만 질문하고 넘어가면 안 됩니다. 시간 제약이 있다면 몰라도 스스로 생각하거나 자문할 때는 되도록 많이 질문해야 합니다.

"잘 지내요?"라고만 물으면 어느 한 면은 규명될 수 있겠지만 그게 전부는 아니겠죠. 사물의 본질을 파악하려면 열 번은 질문해야 합니다. 철학뿐만 아니라 무엇이든 진정한 모습을 알려면 그 정도는 필요합니다.

철학적 질문의 핵심은 본질을 밝히는 것이고, 그러기 위해서는 다양한 관점에서 파고드는 자세가 필요합니다. 사물을 볼 때 정면에서만 보면 뒤는 어떻게 생겼는지 혹은 위는 어떻게 되어 있는지는 모를 테니까요.

철학식 기획력

■ ▶ ●　　　철학을 통해 기획을 한다는 데는 두 가지 의미가 있습니다. 첫째는 사물의 본질로 거슬러 올라가 기획하는 것입니다. 이는 실천하기는 어렵지만 어떤 기획에든 당연히 필요한 태도입니다. 실천하기는 어렵지만 말이죠. 또 하나는 철학 사고법을 기획 하는 겁니다. 3장의 철학식 사고술 편에서 소개한 10가지 사고법은 기본적으로 기획을 할 때도 유용합니다. 여기서는 앞에서 소개한 방법 외에 일반적으로 쓸 만한 방법을 들어보겠습니다.

먼저 공리주의입니다. 영국 공리주의를 대표하는 사회사상가 제레미 벤담이 제창한 것인데요. 벤담은 《도덕과 입법의 원칙에 대한 서론》에서 다음과 같이 말했습니다.

인류는 고통과 쾌락이라는 두 주권자의 치하에 놓였다. 우리가 무엇을 하지 않으면 안 되는지 제시하고 우리가 무엇을 하는지 결정하는 것은 오직 쾌락과 고통뿐이다.

벤담은 고통을 악으로 간주하고 쾌락이 고통보다 우위에 있는 상태를 올바른 것으로 보았습니다.

쾌락에 기반을 둔 기획은 지지를 받게 마련이고 그래서 성공 확률이 높죠. 그런데 그 쾌락을 누구의 쾌락인가라는 문제가 제기될 게 확실합니다. 어떤 사람에게는 기분 좋은 일이 다른 사람에게는 불쾌할 수 있습니다. 하지만 그때마다 쾌락이 고통보다 우위에 서게 한다는 말은 그 사안을 쾌락이라고 느끼는 대다수의 편에 선다는 뜻이 됩니다. 세상의 인프라와 서비스 대부분은 이런 공리주의에 기초해 만들어졌다고 할 수 있습니다.

두 번째는 귀납적 사고입니다. 귀납법이란 개별적 현상에서 일반적인 원칙을 찾아내는 사고법으로, 영국 경험론의 시조 프랜시스 베이컨이 실험과 관찰을 통해 탄생시켰습니다. 이에 대립하는 개념이 일반 원칙에서 개별적 현상을 도출해내는 연역법입니다.

모든 기획은 보통 데이터를 채집해 니즈를 확인하므로 어떤 의미에서는 모두가 일상적으로 귀납법을 활용한다고 볼 수 있습니다. 데이터가 뒷받침되지 않은 기획이 채택되는 경우는 드뭅니다. 베이컨이 귀납법을 제창한 이유는 세상의 현상을 바르게 이해하기 위해서였습니다. 망상 앞에서 허둥대봤자 생산적이지 않으니까요.

그의 이러한 태도는 흔히 '아는 것이 힘이다'라는 말로 상징됩니다. 베이컨의 문제의식은 복잡하고 괴이한 현대 사회에도 충분히 해당됩니다. 데이터 사이언스(data science, 데이터와 관련된 연구를 하는 학문 – 옮긴이)가 한창 힘을 떨치고 있는 것이 그 증거입니다. 허둥대기 전에 사실을 똑바로 확인해야 합니다.

세 번째, 반대로 생각하는 방법이 있습니다. 프랑스 철학자 알랭은 《알랭의 행복론》에서 "'잘돼서 기쁜 게 아니라 기뻐해서 잘된 것이다'라고 늘 생각하지 않으면 안 된다"고 말했습니다.

확실히 기분에 따라 일이 잘되는 수가 있으니 알랭의 말이 맞는지도 모릅니다. 역전의 발상입니다.

그렇게 해서 성공한 비즈니스를 보면, 시세가 오를 때 팔고 내릴 때 사는 행위가 얼마나 대단한지 통감하게 됩니다. 당연한 말이지만 모두와 같은 행동을 해서는 성공하지 못합니다. 반대되는 행동을 하지 않으면 안 됩니다. 물론 편치는 않죠. 반대로만 하는 사람은 성격이 비뚤어졌거나 심통 사나운 사람으로 보일 수 있으니까요.

하지만 반대로 말하고 행동 할 수 있다면 살면서 얻는 게 많습니다. 그래서 나도《성공하는 사람은 모두 반대로 생각한다》라는 책을 쓴 적이 있습니다. 반대로 생각해 성공한 이들의 예를 들면서, 반대로 생각하는 방법을 제시한 책입니다.

일본사를 종래와는 반대로 해석해 큰 인기를 얻은《역설의 일본사》시리즈의 저자 이자와 모토히코나 베스트셀러《미움받을 용기》의 저자 기시미 이치로 등이 그 예입니다. 《미움받을 용기》는 제목에서도 알 수 있듯이 역전의 발상이 가득한 아들러 심리학을 자기계발서로 엮은 책입니다. 또한 지브리애니메이션의 미야자키 하야오 감독도 자연과 전쟁을 역설적으로 묘사해 성공을 거두었습니다. 그 외에《성공하는 사람은 모두 반대로 생각한다》에는 철학 명언으로 보는 역설적 표현도 소개되어 있습니다.

자세한 내용은 책을 보시기 바라지만 모처럼이니 책에는 쓰여 있지 않은 아이디어도 하나 소개해두겠습니다. 바로 '백발역중百發逆中'이라는 발상입니다. 어떤 제품이나 서비스를 대상으로 그 반대가 되는 아이디어를 100개 말하면 그중에 하나쯤은 히트 상품을 탄생시킬 수 있다는 뜻입니다. 역전의 발상으로 만들어진 상품은 수없이 많습니다. 예를 들면 무알코올 맥주와 지우개로 지울 수 있는 볼펜처럼요.

어떤 의미에서는 히트 상품을 내는 가장 간단한 방법이 아닐까요? 반대를 많이 생각해내면 되니까요. 그중에 무엇이 히트할지는 마케팅을 해보면 압니다. 충분히 검증된 방법이니 시도해보시기 바랍니다.

철학식 문장력

- 의식적으로 솜씨 좋은 사람의 글을 모방하여 조마조마하고 두근두근하게 만드는 장치를 넣어 읽고 싶어지게 한다.

철학식 프레젠테이션 능력

- 허풍을 떨어 설렘을 유발한다 / 박수가 터져 나오게 뜨거움을 연출한다 / 억지스럽지 않은 공감을 일으킨다.

철학식 대화력

- 서로의 생각을 발전시킬 수 있는 대화를 한다.

철학식 질문력

- 빤한 질문은 삼간다 / 다른 누군가가 대답할 수 있는 질문을 한다 / 되도록 많이 묻는다.

철학식 기획력

① 공리주의로 기획 → 쾌락이 고통보다 우위에 서게 한다.
② 귀납법으로 기획 → 개별 현상에서 일반 원칙을 찾아낸다.
③ 반대로 생각해 기획 → 반대되는 것들을 생각한다.

chapter 5

지적 생산으로
더 나은 미래를 만들어낸다

사고의 탐험가가 되기 위한
창조의 3단계

■ ▶ ●　　　철학이란 세계의 유의미화이며 동시에 개념의 창조입니다. 철학하는 사람은 모두 사고의 탐험을 하며 개념을 창조합니다. 그렇게 해서 자기 나름대로 세계의 의미를 만들어갑니다. 철학은 그런 놀라운 힘을 갖고 있습니다.

하지만 철학에는 훨씬 놀라운 힘이 숨어 있습니다. 바로 세계 자체를 창조하는 힘입니다. 바로 토대의 전환입니다. 예를 들어 프랑스 철학자 루소가 《사회계약론》을 씀으로써 프랑스혁명이 일어나고 왕정이 인민의 정부로 바뀌었습니다. 그 영향은 다른 여러 나라에도 미쳤습니다. 또한 독일의 철학자 마르크스는 《자본론》을 써서 세계의 절반을 사회주의 국가로 변환시켰습니다.

한 사람의 철학자가 사고를 탐험함으로써 자기 주변에 있는 사물의 의미만 창조한 게 아니라 광범위한 지역에서 새로운 세계를 창조한 겁니다. 흔히 철학을 사고의 기초라고 합니다. 이는 틀림없는 사실입니다. 하지만 실제로 세계의 토대를 바꿀 힘까지 갖고 있다니 정말 놀라운 일 아닌가요?

　이런 세계의 창조를 나는 '향조響造'라고 부르고 싶습니다. 그 창조의 영향이 전 지구적 규모로 미치기 때문입니다. 창조를 널리 알린다고 봐도 좋겠죠. 다른 사고와 가치관을 가진 사람의 마음도 울릴 수 있게 호소하는 겁니다.

　창조로 세계를 바꾸려 할 때, 이미 향조의 차원에 돌입하는 것입니다. 아니, 그 차원까지 가지 않으면 세계에 영향을 미칠 수 없습니다. 아무리 좋은 아이디어도 널리 알리지 못하면 돼지 목의 진주에 불과합니다. 세계의 토대를 바꾸기는커녕 머지않아 소멸되고 말겠죠.

　또 한 가지 중요한 점은, 창조에서 향조로 영역을 넓히기 위해 '저조貯造'의 단계가 요구된다는 것입니다. 저도 내가 만든 말인데, 말하자면 영감을 모아놓는 단계입니다. 저장은 단순히 모아놓는 것이지만, 모아놓는 동시에 창조하는

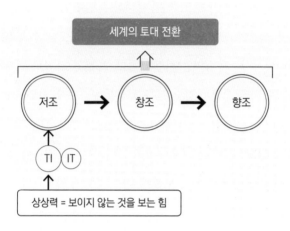

창조를 위한 3단계

세계의 토대 전환

저조 → 창조 → 향조

TI IT

상상력 = 보이지 않는 것을 보는 힘

행위가 없으면 안 되기 때문에 저조라고 표현했습니다.

영감은 아무것도 없는 맨땅에서 나오는 게 아니라 어딘가에 원천이 있습니다. 영감은 매일의 경험에서 나옵니다. 단, 그 경험을 막연히 모아놓기만 하는 사람과 창조를 의식하는 사람은 크게 다릅니다. 보통 사람은 경험만 하고 끝나지만 아티스트는 경험을 바탕으로 창조하거나, 적어도 그러기 위해 경험을 저장해놓으려는 의식이 있습니다. 그것이 창조할 수 있는 사람과 그렇지 않은 사람의 차이입니다.

영국의 사회심리학자 그레이엄 월러스가 제창한 '월러스의 4단계'라는 이론이 있습니다. 창조를 위해서는 ① 준비 단계preparation stage ② 부화 단계incubation stage ③ 계시 단계illumination stage ④ 검증 단계verification stage를 거쳐야 합니다. 이중 ①과 ②가 크게 보면 준비 단계입니다. ①은 다양한 경험과 정보 수집 등 영감을 얻기 위한 사전 준비입니다. ②는 그 영감을 부화하는 시간, 즉 품고 있는 단계입니다.

이것이 내가 말하는 저조입니다. 단, 그저 품고 기다리고만 있어서는 안 됩니다. 경험과 정보를 아이디어로 만들기 위해 끊임없이 생각해야 하죠. 그렇게 하면 일상의 풍경이 아이디어의 보고가 됩니다. 아르키메데스도 그랬습니다. 그래서 목욕을 하다가 "유레카!"라고 외치는 순간이 찾아왔던 것입니다. 월러스의 4단계에서는 ③ 계시 단계에 해당됩니다. 이렇게 3단계를 거치면 아이디어가 구체화되고 그것을 검증하는 마지막 단계로 이어집니다.

창조의 순간은 번쩍하고 지나갑니다. 그래서 준비 단계와 이후에 아이디어를 확장시키는 단계가 더 중요할지 모릅니다. 내가 '창조의 선후'가 중요하다고 말하는 이유입니다.

창조를 위한 영감을 모아두는 저조, 그것을 실천하는 창조, 그리고 그 창조로 만들어가는 세계인 향조. 여기까지 와야 비로소 사고의 탐험이 완성되는 것입니다.

IT와 TI의 공존으로
상상력을 기르는 법

■ ▶ ●　　　창조력에 관해 말하면 아무래도 재능과 연관 지어 생각하는 사람이 많습니다. 물론 재능이 있으면 창조하는 데 도움이 되겠지요. 하지만 창조력은 후천적으로 기를 수 있습니다.

창조를 하려면 번뜩이는 아디이어가 필요합니다. 바로 영감이죠. 영감을 신의 계시처럼 여기는 사람이 많지만, 실은 훈련에 의해 끌어낼 수 있는 재능입니다. 그래서 나는 '훈련된 영감'이라는 이론을 제창했습니다. 영어로는 트레인드 인스피레이션Trained Inspiration, 줄여서 TI라고 합니다.

IT는 수단이라서 자꾸 사용해야 합니다. 동시에 IT를 사용하는 두뇌도 단련하지 않으면 안 됩니다. IT에만 의존하면 머리가 퇴화되니까요. 어디까지나 번뜩이는 아이디어를 내는 것은 인간입니다. 그리고 그 아이디어를 요리하는 컴퓨터를 옆에 두고 함께 작업하는 게 이상적이죠. 번뜩이는 아이디어도 컴퓨터가 낸다고 생각하면 왠지 슬퍼집니다. 함께 한다 해도 인간이 주체가 되어야 합니다. IT와 TI의 공존이 필요한 이유입니다.

그러면 어떻게 해야 번뜩이는 아이디어를 내도록 두뇌를 훈련할 수 있을까요? 다양한 방법이 있지만 가장 간단한 방법을 추천합니다. 바로 보이지 않는 것을 보려고 노력하는 겁니다. 앞에서 소개했던 플라톤의 이데아를 기억하나요?

그러면 순서대로 차근차근 설명드리겠습니다. 창조란 다양한 것의 조합이라고 생각합니다. 신이라면 무에서 유를 창조하겠지만 인간은 그렇게 하지 못합니다. 따라서 이미 있는 것들을 어떻게 조합해 새로운 것을 만들어내느냐가 관건입니다. 즉 다양한 것을 조합하면 창조가 가능합니다.

문제는 다양한 조합을 해놓고 정작 거기에서 일어나는 화학 변화를 좀처럼 알아채지 못한다는 점입니다. 기껏 재미있는 조합을 만들어놓고도, 거기에서 새로운 것이 탄생할 가능성이 있는데도 알아차리지 못합니다. 우리 주변에서는 날마다 수많은 화학 변화가 일어나고 있지만 대부분 알아차리지 못합니다. 그것을 알아보는 사람이 창조자가 되는 것입니다.

중요한 것은 화학 변화를 알아보는 능력입니다. 한 마디로 말하면 상상력이라고 해도 좋겠지요. 무언가와 무언가를 합쳐서 새로운 것이 탄생하는 순간을 상상할 수 있느냐 없느냐는 바로 상상력에 달려 있습니다. 단, 상상력이라고 하면 그것을 어떻게 길러야 되는지 잘 모릅니다. 그래서 나는 상상력을 '보이지 않는 사물을 보는 힘'이라고 바꿔 말하겠습니다.

방법은 간단합니다. 대상을 앞에 놓고 무엇이 보이지 않는지 생각해보면 됩니다. 무엇이든 좋으니 닥치는 대로 상상해봅니다. 예를 들어 펜이 있다고 합시다. 그 펜을 바라 보며 거기에 없는 게 뭔지 생각해봅니다. 펜은 있는데 종이가 없다, 보충용 잉크가 없다, 소리가 나지 않는다, 빛이 들어오지 않는다……. 평소 당연하다고 생각했던 것들이 알고 보면 당연하지 않은 겁니다.

만약 외계인이 펜을 본다면 왜 이건 없고 저건 없냐고 생각할지도 모릅니다. 종이가 없는 것이 정말로 당연한 일일까요? 우리는 펜은 있는데 종이가 없어서 뭔가를 쓰지 못했던 적이 있습니다. 그러니 펜에 늘 종이가 따라오게 만들면 곤란할 일이 없겠죠.

없는 것을 생각해내는 것도 쉬운 일이 아닙니다. 확실히 모든 것을 지적하는 건 간단하지만, 없는 것을 생각해내기는 쉽지 않습니다. 그럴 때 추천하고 싶은 방법이 일상적인 관찰입니다. 평소에 사물을 유심히 관찰하는 버릇을 들여놓으면 어디에 무엇이 부족한지, 머릿속에 반짝 떠오르게 될 겁니다. 보이지 않는 것을 보기 위해 평소에 사물을 유심히 관찰하는 건 누구나 할 수 있습니다.

이렇게 해서 보이지 않는 많은 것들을 생각하다 보면, 엄청난 발명이나 비즈니스의 씨앗과 같은 보물산을 찾을 수 있습니다. 눈앞에 있는 유에서 무를 창조하는 것이야말로 창조가 아닐까요? 좀 전에 말했듯이 무에서 유를 만들어내는 창조는 신만이 할 수 있습니다. 인간은 유에서 다른 유를 창조해내는 겁니다. 아니, 유에서 무를 창조해내는 것이 인간의 창조입니다.

창조하는 힘이란 이것저것 조합해서 일어나는 화학 변화를 알아보는 능력입니다. 그리고 그 힘은 단련해서 기를 수 있습니다. 반대로 말하면 그 힘을 기르지 못하면 창조를 할 수 없습니다. 다른 사람과 다른 행동을 하면 다른 사람과 다른 발상을 할 수 있습니다. 그 점을 늘 염두에 두고 일상을 보내기 바랍니다.

철학에 기초한
프레임 워크의 구축

■ ▶ ●　　　비즈니스 현장의 사고에 철학적 사고가 얼마나 유효한지는, 비즈니스에서 활용되는 사고법을 살펴보면 알 수 있습니다. 예를 들어 일본 최대의 MBA(경영학교) 글로비스가 낸 《글로비스 MBA 키워드 도해 기본 비즈니스 사고법 45》의 목차를 살펴보면 놀랍게도 그 대부분이 철학적 사고입니다.

예를 들어 비판적 사고, 메타 사고, 연역적 사고, 귀납적 사고, 와이Why 사고, 본질 사고, 부감 사고, 아날로지 사고, 제로베이스 사고, 낫 노잉Not Knowing 사고 등은 그 실체가 철학적 사고입니다. 철학은 비판적 사고가 기본이며 연역과 귀납은 원래 철학 용어입니다. 본질을 생각하는 것은 철학의 목적이려니와 낫 노잉 사고는 소크라테스의 무지의 지 그 자체입니다.

책의 6장에 이르면 아예 '철학·역사편'이라고 부제를 붙이고 변증법 등 철학의 사고법을 소개하고 있습니다. 띠지에는 '두뇌의 생산성이 올라가는 MBA 필수 사고법의 모든 것!'이라고 쓰여 있습니다. 철학적 사고는 생산성을 향상 시킨다는 뜻입니다.

더욱 놀라운 것은 비즈니스의 더 구체적인 사고 수단, 이른바 프레임워크까지도 철학을 기초로 한다는 점입니다. 프레임워크는 이제 IT와 나란히 지적 생산에서 빼놓을 수 없고, 특히 글로벌 비즈니스에서 프레임워크 없이는 대화도 나눌 수 없습니다.

여기에서 말하는 프레임워크란 사고의 틀을 가리킵니다. 복잡한 비즈니스 현상을 설명할 때 많이 쓰는데 보통 공식처럼 프레임워크에 맞춰 도식적으로 처리합니다. 그렇게 하는 이유는 그편이 효율적이기 때문입니다.

문제 해결, 전략 입안, 데이터 분석 등 모든 현안에 프레임워크가 사용됩니다. 그 대부분이 비즈니스 현장에서 탄생했으나 재미있게도 많은 프레임워크가 철학에 기초를 두고 있습니다.

이는 어떤 의미에서 당연합니다. 모든 사고는 원래 철학에 기원을 두고 있으니까요. 그렇게 생각하면 어떤 새로운 사고법도 2천 수백 년의 영지(英智, 신적 지식이나 절대적 진리를 파악할 수 있는 최고의 인식 능력 – 옮긴이)의 응용에 불과합니다. 완전히 새로운 것은 없습니다.

비즈니스의 프레임워크에는 몇 가지 기본 패턴이 있습니다. 이 패턴을 보면 어떻게 철학이 기초가 되었는지 이해할 수 있을 겁니다. 바로 ① 구조주의 패턴 ② 카테고리 패턴 ③ 문답법 패턴입니다. 대개의 프레임워크는 이 세 가지 중 하나로 분류할 수 있습니다. 물론 다른 프레임워크도 있지만 그 역시 다른 철학 사고가 그 기초입니다. 시험 삼아 기본적인 프레임워크를 이 세 가지 패턴에 적용해봅시다.

첫 번째, 구조주의 패턴은 프랑스의 인류학자 레비스트로스가 확립한 구조주의에 기초합니다. 간단히 말하면, 사물은 전체의 구조를 봐야 비로소 정확하게 이해할 수 있다는 의미입니다. 빈틈없고 중복 없이 문제를 정리하는 MECE 등의 프레임워크가 구조주의 패턴에 속합니다. MECE는 Mutually Exclusive and Collectively Exhaustive(상호 배타 적이면서 전체를 아우르는)의 약자로, 전체 구조를 머릿속에 넣 지 않으면 빈틈이 생깁니다.

그 외에도 전략을 생각하기 위한 프레임워크, WTO 분석 등도 구조주의 패턴에 들어갑니다. 내부 환경으로서 자사 의 강점Strengths과 약점Weaknesses, 거기에 외부 환경으로서 기회 Opportunities와 위협Threats을 조합해 경영전략을 생각하는 방법 입니다.

포지셔닝 맵 등의 마케팅용 프레임워크도 이 패턴에 들어 갑니다. 두 개의 축을 그리고 사분면 안에서 기업과 제품을 연동시키는 겁니다. 가격의 축과 기능의 축으로 나눠 연동 하는 경우도 있습니다. 어느 쪽이든 이에 따라 어디에 제품 을 투입하는 것이 좋은지 알 수 있습니다. 구조주의 패턴은 전체가 어떻게 되는지를 부감하여 매핑할 때 기초가 되는 사고법입니다.

두 번째, 카테고리 패턴을 알아봅시다. 카테고리란 앞서 소개했듯이 사물을 인식하기 위한 분류표를 가리킵니다. 카테고리는 프레임워크의 기초로도 활용됩니다. 즉, 사물을 카테고리화하면 분석이 가능해집니다. 비즈니스 전략에서 PEST 분석을 예로 들 수 있습니다. 정치적 요인[Politics], 경제적 요인[Economics], 사회적 요인[Society], 기술적 요인[Technology] 같은 비즈니스의 변동 요인을 들어 어떤 문제가 있는지, 혹은 어떤 이점이 있는지 분석하는 것입니다. 주요 원인을 찾은 후 각각의 카테고리별로 장점과 문제점을 분석합니다.

마케팅에서 AIDMA의 법칙도 이 패턴에 들어갑니다. 어떤 상품을 알고 나서 실제로 구입할 때까지의 심리 상태를 5단계로 카테고리화한 것입니다. 1단계는 Attention(주목), 2단계는 Interest(관심), 3단계는 Desire(욕구), 4단계는 Memory(기억), 5단계는 Action(행동)입니다. 이렇게 인지 단계에서 감정 단계를 거쳐 행동 단계로 카테고리화한 분석은 지금 소비자가 어느 단계에 있는지를 아는 데 아주 효과적입니다.

기획 입안에 사용되는 오스본의 체크리스트(광고회사 비비디오[BBDO] 창립자의 한 사람이자 브레인스토밍의 아버지로 알려져 있는 알렉스 오스본Alex Osborn이 만들었다 - 옮긴이)도 카테고리 패턴입니다. 기존의 제품과 서비스를 9가지 카테고리로 나누어 응용 가능성을 검토하는 것입니다. 즉 전용(그 외의 용도는 없을까?), 응용(다른 곳에서 아이디어를 빌릴 수는 없을까?), 변경(바꿔보면 어떨까?), 확대(크게 해보면 어떨까?), 축소(작게 해보면 어떨까?), 대용(다른 것으로 대체할 수 없을까?), 치환(교체해보면 어떨까?), 역전(거꾸로 해보면 어떨까?), 결합(조합해보면 어떨까?)이라는 9가지입니다. 어느 것이나 아이디어를 내는 데 효과적인 카테고리라고 할 수 있습니다.

세 번째는 문답법 패턴입니다. 문답법이란 소크라테스의 질문법을 가리킵니다. 소크라테스는 젊은이가 보이면 닥치는 대로 붙잡고서는 질문했습니다. 그리고 질문을 거듭함으로써 본질에 다가서려고 했습니다. 그의 질문법은 바로 대답을 해주지 않고 상대가 스스로 생각할 수 있게 한다는 특징이 있습니다.

바로 대답을 해버리면 상대는 생각할 기회를 갖지 못합니다. 그 결과 다른 사람이 하는 말만 수동적으로 듣게 됩니다. 그런데 소크라테스는 상대에게 생각할 시간을 줌으로써 스스로 진리를 만들어내도록 도움을 주었습니다. 마치 아기가 태어나는 것을 도와주는 산파처럼 말입니다. 그래서 문답법을 산파술이라 부르기도 합니다.

이 문답법을 응용한 프레임워크가 바로 마인드맵입니다. 마인드맵이란 특정 키워드를 중심으로 거기에서 마치 마음속을 연상게임처럼 비주얼화하여 말을 이어가는 것입니다. 예를 들어 '환경'이라는 키워드가 있었다고 하면 먼저 "환경 하면 무엇이 생각날까?"라고 자신에게 묻습니다.

그러면 자연, 지구 온난화, 자연 재해 등의 단어가 머릿속에 떠오를 것입니다. 그 각각에 대해 다시 "자연이라고 하면?" "온난화라고 하면?"이라는 식으로 질문을 던지면서 계속 이어갑니다. 그렇게 해서 아이디어를 발전시킵니다.

피시본차트fish bone diagram도 어떤 의미에서는 문답법이라고 할 수 있습니다. 이 프레임워크는 문제가 일어난 요인을 심화하는 것으로 QC활동(Quality Control의 약자로 품질관리를 위한 모든 활동을 가리킨다 – 옮긴이) 등에 쓰입니다. 통상 문제가 생기는 요인이 여러 개 있으며 그 각각의 요인에 다시 여러 개의 부차적 요인이 결부되어 있습니다. 그에 관해 계속 질문을 던지면서 발견해가는 것입니다. 그런 면에서 문답법 패턴을 채용한다고 볼 수 있습니다.

적정 가격을 설정하기 위한 PSM 분석도 이 패턴에 해당합니다. PSM이란 Price Sensitivity Measurement의 약자입니다. 즉 어느 정도의 가격일 때 소비자가 비싸다고 느끼거나 싸다고 느끼는지 그 반응을 헤아리는 것입니다. 방식은 아주 간단해서 다음 4가지를 질문하면 됩니다.

질문 1. 당신은 이 상품이 얼마일 때부터 '비싸다'고 느끼기 시작했습니까?

질문 2. 당신은 이 상품이 얼마일 때부터 '싸다'고 느끼기 시작했습니까?

질문 3. 당신은 이 상품이 얼마일 때부터 '너무 비싸서 살 수 없다'고 느끼기 시작했습니까?

질문 4. 당신은 이 상품이 얼마일 때부터 '너무 싸서 품질에 문제가 있는 게 아닐까?'라고 느끼기 시작했습니까?

그리고 가격을 가로축에, 각각의 가격을 비싸거나 싸거나 느끼는 사람의 비율을 세로축에 넣고 그래프로 그립니다. 그 각각의 그래프가 교차하는 점이 적정한 가격이 됩니다. 그야말로 문답만으로 가격을 정하는 것입니다.

이렇게 모든 프레임워크가 철학에 기초하는 이상, 철학을 확실히 배워두면 이런 프레임워크는 얼마든지 만들 수 있습니다. 아니, 오히려 모든 비즈니스맨은 철학적 사고의 기초를 철저하게 다져야 합니다. 그러면 MBA에서 배운 프레임워크가 무용지물이 되어도 스스로 만들어낼 수 있습니다.

즉 프레임워크란 '철학적 사고+비즈니스 현장에서의 실천'인 것입니다.

사람을 끌어당기는
다섯 가지 보편적 요소

■ ▶ ●   지적 생산을 위한 방법에 대해서는 이미 충분히 논의했다고 생각합니다. 그렇다면 우리의 지적 생산물이 다른 사람들의 관심을 받을 수 있을까요? 그래서 마지막으로 사람들을 끌어당기는 지적 생산의 비결에 대해 말씀드리겠습니다.

잠시 철학을 해봅시다. 사람의 마음을 끌어당기는 요소란 무엇일까요? 우리는 대체 무엇에 매력을 느낄까요? 물론 사람에 따라 달라서, 경우의 수가 숱하게 많겠지만 그래도 같은 인간이니 뭔가 공통된 요인을 찾을 수 있으리라 생각합니다.

예를 들어 사람의 마음을 끌어당기는 요소를 무작위로 들어봅시다. 종교, 공동 행위, 카리스마, 영화, 소설, 음악, 연애, 어머니의 사랑, 에로스, 반려동물, 죽음, 건강, 행복, 미래, 의외성, 새로운 것, 테크놀로지, 돈, 지식, 현명함, 쾌락……

이러한 요소를 자세히 살펴보면 다음의 5가지로 분류할 수 있습니다. 종교(공동 행위, 카리스마, 영화, 소설, 음악), 사랑(연애, 어머니의 사랑, 에로스, 반려동물), 생명(죽음, 건강, 행복), 미래(의외성, 새로운 것, 테크놀로지), 욕망(돈, 지식, 현명함, 쾌락).

즉 종교, 사랑, 생명, 미래, 욕망이야말로 인간을 끌어 당기는 5가지 요소로 꼽을 수 있습니다. 여러분의 주변에 있는 인기 있는 것들을 이 5가지 요소에 집어넣어 보세요. 틀림없이 어딘가에는 해당될 겁니다. 최근 EDM이라는 이벤트가 유행한다고 합니다. DJ가 히트곡을 샘플링한 음악에 맞춰 춤을 추는 이벤트입니다. 소리와 빛, 공동행위, 카리스마가 있는 DJ, 그러한 모든 것이 가져오는 비일상적인 무아지경의 상태 바로 종교입니다.

아니면 유행하는 영화를 보세요. 사랑이든 죽음이든 미래이든 욕망이든, 주제는 이 가운데 하나일 겁니다. 종교가 주제인 영화도 있을지 모릅니다. 시중에 팔리는 책을 보세요.

역시 이 5가지 요소 중 어느 하나 혹은 그 조합이 주제일 겁니다.

이것은 혁신을 일으킬 때도 힌트가 됩니다. 혁신이란 간단히 말해 새로운 비즈니스와 테크놀로지를 만들어내는 것입니다. 게다가 그것은 사회에 받아들여지지 않으면 안 됩니다. 그렇지 않으면 자기만족에 그치는 이상한 발명이 될 테니까요.

그것을 가능케 하는 것이 이 5가지 요소인 셈입니다. 반대로 말하면 이 5가지 요소만 꽉 붙잡고 있으면 일단 빗나가는 일은 없습니다. '대박'의 필요조건과 같은 것입니다. 2016년, 애니메이션 영화 〈너의 이름은〉이 큰 인기를 얻었습니다. 이 영화에는 인기 요소가 전부 들어 있습니다. 작품의 내용을 미리 알려주어 보는 재미를 망치면 안 되니 다 말하지 않겠지만, 확실히 5가지 요소(종교, 사랑, 생명, 미래, 욕망)가 전부 들어 있습니다. 보신 분들이라면 납득이 가겠죠?

핵심은 내가 이 5가지 요소를 발견한 이유가 철학적 사고를 했기 때문이라는 점입니다. 지적 생산을 해봤자 사람들에게 받아들여지지 않으면 아무 소용이 없습니다. 여러분도

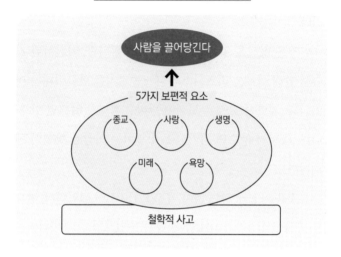

이를 부디 염두에 두기를 바랍니다.

그럼에도 이 5가지는 어디까지나 내가 현시점에서 찾아낸 요소에 불과합니다. 세상의 변화에 맞춰 나 자신을 업그레이드하다 보면 언젠가 다른 요소를 찾아낼 가능성도 있습니다. 여러분도 이 5가지 요소를 참고로 하면서 자기 나름대로 생각해보기를 권합니다.

철학을 받아들이고 지적 생산을 하게 되면 그 안에 무한한 가능성이 생깁니다. 아니, 애초에 철학 없이 지적 생산을 하게 되면 토대가 없는 건물과도 같아서 바로 무너져버립니다. 길이 남을 지적 생산을 하고 싶다면 반드시 철학이 필요합니다.

창조를 위한 3단계

→ 저조, 창조, 향조의 3단계를 거쳐 세계의 토대를 전환하자.

상상력을 기르는 법

→ 평소 관찰을 통해 번뜩이는 사고력을 기를 수 있다.

프레임워크의 구축

→ 프레임워크 = 철학적 사고 + 비즈니스 현장에서의 실천

사람을 끌어당기는 5가지 보편적 요소

→ 지적 생산에 종교, 사랑, 생명, 미래, 욕망이라는 5가지 보편
적 요소를 활용함으로써 사람을 끌어당기자.

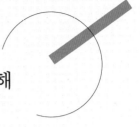

효과적인 지적 생산을 위해
읽어야 할 책 목록

지적 생산을 위해 내가 실제로 참고했던 책을 소개하려고 합니다. 철학적 사고를 바탕으로 효과적인 지적 생산을 한다는 이 책의 취지에 걸맞게 사고에 도움이 되는 책들입니다. 난해한 철학서가 아니라 읽기 쉬운 책이니 부디 참고하기 바랍니다.

※ 본문에 소개한 책도 일부 포함되어 있습니다.

노야 시게키野矢茂樹

《철학 깡패 : 사소하지만 사소하지 않은 생각에 시비를 걸다哲学の謎》(1996년) (김경원 옮김, 갈라파고스, 2017년)

의식의 존재와 시간의 의미 등 철학적 수수께끼에 대해 저자가 스스로에게 소박한 의문을 던지고 철저하게 사고한 끝에 나온 성과물이다. 이상한 질문이란 무엇인지, 철학한다는 게 무엇인지 감각적으로 포착할 수 있는 입문서.

대니얼 데닛Daniel Clement Dennett

《직관펌프 생각을 열다 : 대니얼 데닛의 77가지 생각도구》
세계적으로 저명한 현역 철학자가 자신의 사고술을 낱낱이 소개한 걸작. 분량이 많지만 사전처럼 구성되어 있어 관심 있는 부분만 읽어도 좋다.

오가와 히토시

《철학자의 뇌를 훔쳐라 : 7일 만에 똑똑한 사람 되기》
철학적 사고를 할 수 있다, 즉 머리가 좋다는 전제 하에 철학 하는 방법에 관해 논한 책. 철학하는 방법을 7일 코스로 나눠 알기 쉽게 설명한 면이 호평을 받아 베스트셀러가 되었다.

《일주일 만에 성과로 바뀐다 아웃풋 독서술7日間で成果に変わるアウトプット読書術》

아웃풋을 최대한으로 중시한 독서법. 책을 고르는 방법부터 읽는 법, 활용하는 법에 관한 독자적인 방법론을 철학적 견지에서 소개한다. 철학에 관한 아무런 지식이 없이 시작하여 7일 동안에 그 분야의 프로가 되는 방법을 전수한다.

와시다 기요카즈鷲田清一
《철학을 사용하는 법》

철학을 실생활에 활용하자고 주장하며 임상철학의 문을 연 저자의 철학 사용 매뉴얼. 개인으로서만이 아니라 사회적으로 철학을 어떻게 활용해야 하는지도 설명한다. 본문에 나오는 철학 카페에 관해서도 참고해볼 만하다.

《상상 레슨〈想像〉のレッスン》

어떻게 상상하고 어떻게 생각할까? 예술을 테마로 철학하는 즐거움과 아름다움을 소개한 책이다. '눈에 보이지 않는 사물을 본다'는 사고의 본보기가 될 책이라고 할 수 있다. 이 책 자체가 지적 생산의 성과로서 탁월하다.

오카모토 유이치로岡本 裕一朗

《사고실험 세계와 철학을 잇는 75문제思考実験 世界と哲学をつな
ぐ75問》

사고실험 입문서. 유명한 사례부터 SF소설을 이용한 독창
적인 예시까지, 구체적인 사례를 바탕으로 하여 생각하게
만드는 최고의 교재다. 개별 항목이 짧은 것이 아쉽다.

이세다 데쓰지伊勢田哲治

《철학사고 트레이닝哲学思考トレーニング》

철학을 과학철학의 시점에서 논리적인 사고법으로 설명
하는 걸작. 모든 분야에서 요구되는 크리티컬 싱킹을 하는
방법도 구체적으로 소개되어 있어 사고의 매뉴얼로 활용
할 수 있다.

지바 마사야千葉雅也

《공부의 철학 : 깊은 공부, 진짜 공부를 위한 첫걸음》

철학의 정수를 공부법에 활용한 획기적인 책. 공부의 의
의에 관해 본질에서 논한다. 아쉬운 점은 참조하는 철학

자체가 어느 것이나 난해하다는 점이다.

피터 홀워드 Peter Hallward

《이 세상을 넘어서 : 들뢰즈와 창조의 철학Out of this world: Deleuze and the philosophy of creation》

철학은 개념의 창조라고 주장하는 들뢰즈 철학의 해설서. 들뢰즈 철학 자체는 몹시 난해하지만 이 책이 그 사고법을 명쾌하게 설명해준다. 사고에서 창조의 극치를 알 수 있다.

도야마 시게히코外山滋比古

《지적 창조의 힌트知的創造のヒント》(지쿠마분게이분코ちくま学芸文庫, 2008년)

《생각의 틀을 바꿔라》로 유명한 저자가 지적 창조에 초점을 맞춰 자신의 지적 생산술을 엮은 명저. 일상 속에서 틈틈이 하는 사고 훈련으로 큰 성과를 올리는 힌트가 가득 들어 있다.

이토 조이치伊藤穰一

《'반짝이는 힌트'를 낳는 기술「ひらめき」を生む技術》

MIT 미디어랩 소장을 지낸 저자가 지금의 인터넷 시대에
어떻게 창조적으로 생각하고 지적 생산을 하는지 논한 계
몽서. 혁신을 일으키기 위한 실천적 힌트가 가득하다.

사토 마사루佐藤優

《지의 교실 교양은 최강의 무기다知の教室 教養は最強の武器である》

비즈니스맨에 요구되는 분야의 지적 생산 분야에서 정평
이 난 사토 마사루의 지적 생산술. 정보 분석에서 처리방
법, 그리고 아웃풋을 내는 방식까지 논한 결정판.

니시베 스스무西部邁

《지성의 구조知性の構造》

논객으로 유명한 저자의 사고법 카탈로그. 1996년 출간돼
이제는 고전의 반열에 오를 만한 명저가 되었다. 사고의
구조를 알게 쉽게 도식화한 책의 선구자라 해도 좋으리라.

기다 겐木田元

《철학 키워드 사전哲学キーワード事典》

철학의 기본 용어를 사전처럼, 그러나 좀 더 자세히 설명
한 책. 철학 용어를 설명함으로써 철학 사고의 기초를 이
해하는 데 도움을 준다. 동시에 지적 생산에 필요한 철학
용어를 배우는 데도 유용하다.

글로비스グロービス

《글로비스 MBA키워드 도해 기본 비즈니스 사고법 45グロ
ービスMBAキーワード 図解 基本ビジネス思考法45》

비즈니스에 필요한 기본 관점을 사고법으로 소개한 책.
철학적 사고가 비즈니스를 할 때도 중요하다는 점을 알
수 있다. 그림과 사례도 실어서 입체적으로 해설하려고
시도한 점이 좋다.

모기 겐이치로茂木健一郎

《사고의 보조선思考の補助線》

뇌 기능 과학의 전문가인 저자가 흡사 기하학 문제에 보

조선을 그리듯이 온갖 문제에 보조선을 그려서 문제 해결을 시도한 특별한 사고법 지침서. 종합 지성의 필요성을 설파하는 점에서도 설득력이 느껴진다.

오사와 마사치大澤真幸

《사고술思考術》

날카로운 사회 분석으로 정평이 나 있는 사회학자인 저자가 다양한 소재를 가지고 어떻게 사고하고 아웃풋할지를 밝힌 책. 집필 과정의 뒷이야기도 실려 있어 글을 쓰고 싶은 사람에게 추천하고 싶다.

나가타 도요시永田豊志

《100가지 프레임워크로 배우는 최강 업무 기술》

비즈니스를 할 때 지적 생산력을 높이기 위해서는 프레임워크를 효율적으로 활용할 필요가 있다. 이 책은 100개의 프레임워크를 압축적으로 정리하여 한눈에 볼 수 있게 해놓았다.

《55가지 프레임워크로 배우는 아이디어 창조 기술 : 아이

디어가 10배로 샘솟는 사칙연산 발상법》

비즈니스에서 창조적 아이디어를 내기 위한 프레임워크를 구축한 책. 단순히 공식을 제시하는 것만이 아니라 실제 사례를 풍부하게 소개하여 창조 작업의 종합 안내서가 되었다.

고바야시 히데오小林秀雄, 오카 기요시岡潔《인간의 건설(人間の建設)》(신초사新潮社), 2010년)

질 들뢰즈Gilles Deleuze, 펠릭스 가타리Pierre-Felix Guattari《철학이란 무엇인가?Qu'est-ce que la philosophie?》(이정임 옮김, 현대미학사, 1999년)

케빈 켈리Kevin Kelly 《인에비터블 미래의 정체 : 12가지 법칙으로 다가오는 피할 수 없는 것들The Inevitable》(이한음 옮김, 청림출판, 2017년)

즈느비에브 로디스루이스Geneviève Rodis-Lewis 《데카르트 전기Descartes》(1998년)

르네 데카르트René Descartes《방법서설Discours de la Méthode》(이현복 옮김, 문예출판사, 1997년)

알세니이 굴리가Arsenij Gulyga《임마누엘 칸트 – 그의 생애와 사상 Immanuel Kant - His Life and Thought》 (1989년)

게오르그 비더만Georg Bidermann《헤겔Georg Wilhelm Friedrich Hegel》 (강대석

옮김, 서광사, 1999년)

아니 코엔-솔랄 Annie Cohen-Solal 《사르트르 전기[Jean-Paul Sartre]》
(1991년)

브누아 페테르스[Benoît Peeters]《데리다 전기[Derrida. A Biography]》(2010년)

다사카 히로시[田坂広志] 《인간력 : 사람을 얻는 힘(知性を磨く)》(장
은주 옮김, 웅진지식하우스, 2017년)

오가와 히토시《일주일 만에 성과로 바뀐다 아웃풋 독서술》(리
버럴샤, 2016년)

칩 히스, 댄 히스[Chip Heath, Dan Heath] 《스틱 : 1초 만에 착 달라붙는 메
시지 그 안에 숨은 6가지 법칙[Made to Stick]》(안진환, 박슬라 옮김, 엘도라도,
2009년)

쇼펜하우어[Arthur Schopenhauer] 《쇼펜하우어 인생론[Aphorismen zur
lebensweisheit]》(박현석 옮김, 나래북, 2010년)

퀑탱 메이야수[Quentin Meillassoux]《유한성 이후-우연성의 필연성에
관한 시론[Apres la finitude : Essai sur la necessite de la contingence]》(정지은 옮김, b, 2010
년)

모기 겐이치로《사고의 보조선》

블레즈 파스칼[Blaise Pascal]《팡세[Pensées]》(이환 옮김, 민음사, 2003년외 다
수)

에두아르 글리상Edouard Glissant 《관계의 시학Poétique de la relation》(1990년)

플라톤Plato《소크라테스의 변명·크리톤Apologia Sōkratēs·Kriton》(조우현 옮김, 두로, 1982년 외 다수)

마르쿠스 가브리엘Markus Gabriel & 슬라보예 지젝Slavoj zizek《신화, 광기 그리고 웃음 – 독일관념론의 주체성Mythology, Madness, and Laughter: Subjectivity in German Idealism》(임규정 옮김, 인간사랑, 2011년)

르네 데카르트《정념론 : 삶의 모든 좋은 것과 나쁜 것은 오직 정념에 의존한다Les passions de l'âm》(김선영 옮김, 문예출판사, 2013년)

제레미 벤담, 존 스튜어트 밀Jeremy Bentham, John Stuart Mill 오코치 가즈오大河内一男 편집《세계의 명저 38 벤담, J.S 밀 (世界の名著 38 ベンサム, J.S.ミル)》(1967년) Jeremy Bentham (주오코론신샤中央公論新社, 1967년)

알랭Alain 《알랭의 행복론Proposur le bonheur》(이화승 옮김, 빅북, 2010년)

오가와 히토시《성공하는 사람은 모두 '반대'로 생각한다: 머리가 좋아지는 '리버스사고'(成功する人はみんな"逆"に考える : 頭が良くなる「リバース思考」)》(바루슛판(ばる出版), 2017년)

글로비스《글로비스 MBA 키워드 도해 기본 비즈니스 사고법 45》(다이아몬드샤, 2017년)

똑똑한 나를 만드는 철학 사용법

초판 1쇄 인쇄 2020년 7월 27일
초판 1쇄 발행 2020년 8월 7일

지은이 오가와 히토시 **옮긴이** 전경아 **펴낸이** 김종길 **펴낸 곳** 글담출판사

기획편집 이은지·이경숙·김진희·김보라·김윤아
마케팅 박용철·김상윤 **디자인** 엄재선·손지원 **홍보** 정미진·김민지 **관리** 박인영

출판등록 1998년 12월 30일 제2013-000314호
주소 (04029) 서울시 마포구 월드컵로 8길 41(서교동 483-9)
전화 (02) 998-7030 **팩스** (02) 998-7924
페이스북 www.facebook.com/geuldam4u **인스타그램** geuldam
블로그 http://blog.naver.com/geuldam4u

ISBN 979-11-86650-92-9 (03320)
* 책값은 뒤표지에 있습니다.
* 잘못된 책은 구입하신 곳에서 바꾸어 드립니다.

* 이 도서의 국립중앙도서관 출판시도서목록(CIP)은 e-CIP 홈페이지(http://
  www.nl.go.kr/ecip)와 국가자료공동목록시스템(http://www.nl.go.kr/
  kolisnet)에서 이용하실 수 있습니다. (CIP 제어번호 : 2020027828)

만든 사람들────────
책임편집 김진희 **디자인** 손지원 **교정·교열** 김문숙

글담출판에서는 참신한 발상, 따뜻한 시선을 가진 원고를 기다리고 있습니다.
원고는 글담출판 블로그와 이메일을 이용해 보내주세요. 여러분의 소중한 경험과 지
식을 나누세요.
블로그 http://blog.naver.com/geuldam4u **이메일** geuldam4u@naver.com